ROLA FRENCH
Level 4

Edward Lee Rocha
and
The Rola Languages Team

Copyright © 2021 by Rola Corporation

Cambridge, Massachusetts

All rights reserved. No part of this publication may be reproduced, distributed or transmitted in any form, or by any means, or stored in a database or retrieval system without the prior express written permission of the author of this book.

Contributors:

Edward Lee Rocha

Caroline Pénicaud

The Rola Languages Team

Images:

Canva

Pixabay

Unsplash

PRINT ISBN: 9781087900995

EBOOK ISBN: 9781087901053

Other titles by Edward Lee Rocha

Rola Languages' French: Level 1 - Level 3

Rola Languages' Portuguese: Level 1 - Level 4

Rola Languages' Spanish: Level 1 - Level 4

Rola Languages' Italian: Level 1

Bilingual Holiday Series

La Familia Rocha Series

Love this book?

Please leave us a review.

Have comments/questions or need assistance?

Please visit rolalang.com or contact us at info@rolalanguages.com. We're happy to help!

ABOUT THE AUTHOR

Edward Rocha is the founder and President of Rola Corporation and director of Rola Languages. He was raised bilingual in rural Texas. Ed is fluent in English and Spanish and a student of French, Portuguese, and Mandarin with nearly 20 years of language teaching experience. After privately tutoring Spanish for many years and living abroad in Argentina and Spain, he fell in love with the idea of a language school, and as an avid entrepreneur and language and communications specialist, Ed was determined to build such a community in Boston. He formalized his teaching method and thus, Rola Languages was born in 2008.

In setting up the Spanish curriculum, Ed couldn't find a textbook he liked that fit the Rola Method and addressed the needs of adult learners, so he decided to make his own!

ABOUT ROLA LANGUAGES

Rola Languages is a part of Rola Corporation, an international education company focused on creating a global brand with 3 education companies, through curriculum development, consulting, and partnerships.

Rola Languages began with a small group of learners and teachers who recognized the necessity of communicating multilingually both in their back yards and in their businesses. The goal at Rola is to offer affordable, structured, and effective classes to students of all ages and backgrounds.

Rola promotes its system called the Rola Method, and applies it to course development and teaching in areas of language, communications, and professional development. The Rola Method is a progressive teaching method that promotes fluency through repetition. We formed our method with the needs of our students in mind; designed to increase retention and confidence and make the most of practice time. Rola Languages instills in students the confidence necessary to reach their language goals, in a rigorous but fun environment.

Interested in signing up for a language course?
Visit rolalang.com or contact us at info@rolalanguages.com.
Follow us on social media: @rolalanguages

INTRODUCTION

If your goal is to continue your progress in learning the French language by building vocabulary, grammar, and speaking skills, **Rola Languages' French: Level 4 book** is for you!

This guided workbook was crafted with the real-life classroom experience in mind and features lessons that focus on specific areas, easy-to-follow instructions, an abundance of practice activities, and more!

In Rola's French: Level 4 book you will find:
- 6 Unique and Informative Chapters: Each chapter focuses on a set of vocabulary and grammar concepts that give you the tools to start speaking French in a practical way.
- Contextual Vocabulary: Each chapter leads with vocab introductions and translations which are also present within the readings and exercises that follow.
- French Perspective: This book presents vocabulary, grammar, and contextual examples according to the rules and patterns of European French, while simultaneously paying homage to the diversity of French; an official language in 29 countries worldwide.
- Multidisciplinary and Interactive Sections: Each chapter consists of 7 sections focused on the areas of vocabulary, grammar, readings, exercises, and review.
- Real-Life Context: Readings are incorporated throughout to provide situational context and help build comprehension skills.
- Practice Exercises: Each chapter has guided lessons to put your learning to the test and build on the skills and concepts acquired.
- Rola Réponse Rapide: Each chapter ends with a section that reviews the material and puts the concepts learned together; a cornerstone of the Rola Method.
- Answer Key: An answer key is included in the back of the book, allowing the user to check their progress along the way.

The Rola Method is a progressive teaching method that promotes fluency through repetition. With the needs of our adult students in mind, it was designed to increase retention and confidence.

Our method focuses on 3 parts and is reflected in the structure and exercises:
1. Vocabulary Building/Repetition
2. Verb Drills/Grammar
3. General Conversation/Fluency

This textbook builds upon the foundation of basic vocabulary and grammatical structure of the French language presented in Rola Languages' French: Level 3, including real-life examples to help contextualize concepts learned for day-to-day application. With this workbook, you will be well on your way to becoming a French speaker in no time!

Additional Resources
Website: rolalang.com
Follow us on social media: @rolalanguages

INDEX/INDEX

Chapitre 1/Chapter 1 1

    Vocabulaire 1.1: Les Pays, La Géographie 1

    Lecture 1.1: Une Rencontre Dans L'Avion 4

    Grammaire 1.1: Les Prépositions De Lieu 5

    Grammaire 1.2: Description Spatiale 7

    Lecture 1.2: Géographie Du Québec 10

    Rola Réponse Rapide 11

Chapitre 2/Chapter 2 15

    Vocabulaire 2.1: Les Vacances 15

    Grammaire 2.1: Le Futur Simple 18

    Lecture 2.1: Un Voyage En Égypte 21

    Grammaire 2.2: Futur Simple Ou Futur Proche? 22

    Lecture 2.2: Préparatifs De Vacances 24

    Rola Réponse Rapide 25

Chapitre 3/Chapter 3 29

    Vocabulaire 3.1: La Ville 29

    Lecture 3.1: Le Village De Mes Grands-parents 31

    Grammaire 3.1: Les Pronoms Indéfinis 32

    Lecture 3.2: Conseils Pour Une Promenade 35

    Grammaire 3.2: Tout 36

    Rola Réponse Rapide 39

Chapitre 4/Chapter 4 45

    Vocabulaire 4.1: Les Transports 45

    Lecture 4.1: Comment Aller À L'Université 48

    Grammaire 4.1: Introduction Aux Temps Du Passé: Le Passé Composé 49

    Grammaire 4.2: L'Objet Indirect 52

    Lecture 4.2: J'ai Visité Lyon 55

    Rola Réponse Rapide 56

Chapitre 5/Chapter 5 .... **61**

    Vocabulaire 5.1: L'École Et Le Système Éducatif En France 61

    Lecture 5.1: De L'École Maternelle À L'Université 64

    Grammaire 5.1: Introduction Aux Temps Du Passé: L'Imparfait 65

    Grammaire 5.2: Y Et En... 68

    Lecture 5.2: Mon Expérience Du Lycée.. 71

    Rola Réponse Rapide 72

Chapitre 6/Chapter 6 .... **77**

    Vocabulaire 6.1: La Maison 77

    Lecture 6.1: Déménager 80

    Grammaire 6.1: Passé Composé Ou Imparfait? 81

    Lecture 6.2: J'ai Visité Lyon, C'Était Un Beau Voyage 84

    Grammaire 6.2: Chez Et Les Pronoms Toniques 85

    Rola Réponse Rapide 87

Grille De Réponses/Answer Key **93**

CHAPITRE 1
RUBRIQUE 1/SECTION 1

Vocabulaire 1.1/Vocabulary 1.1

Les Pays, La Géographie/Countries, Geography

Un pays	*A country*
Un continent	*A continent*
Un océan	*An ocean*
La mer	*The sea*
L'Afrique (f.)	*Africa*
L'Amérique du Nord (f.)	*North America*
L'Amérique du Sud (f.)	*South America*
L'Antarctique	*Antarctica*
L'Asie (f.)	*Asia*
L'Australie	*Australia*
L'Europe (f.)	*Europe*
Le monde	*The world*
La terre	*The earth*

Most names of countries end in -e and are feminine nouns:

L'Argentine	*Argentina*
L'Allemagne	*Germany*
L'Espagne	*Spain*
L'Angleterre	*England*
La Grèce	*Greece*
La Pologne	*Poland*
La Russie	*Russia*
La Suisse	*Switzerland*
La Chine	*China*
La Corée du Sud	*South Korea*

CHAPITRE 1

L'Inde	*India*
La Palestine	*Palestine*
L'Afrique du Sud	*South Africa*
L'Égypte	*Egypt*
La Turquie	*Turkey*

Names of countries that do not en in -e are masculine, and a few are masculine plural:

Le Brésil	*Brazil*
Le Canada	*Canada*
Le Chili	*Chile*
Les États-Unis	*United States*
Le Mexique	*Mexico*
Le Pérou	*Peru*
Le Vénézuela	*Venezuela*
Le Danemark	*Denmark*
Le Portugal	*Portugal*
Le Japon	*Japan*

 Exercice 1.1.1/Exercise 1.1.1

Associez./Match.

1) Germany
2) Portugal
3) A country
4) Palestine
5) Russia
6) Peru
7) United States
8) A continent
9) Spain
10) England
11) Greece
12) The world

a) La Russie
b) Le monde
c) Les États-Unis
d) L'Allemagne
e) L'Espagne
f) Un continent
g) La Grèce
h) Le Pérou
i) Le Portugal
j) Un pays
k) La Palestine
l) L'Angleterre

Exercice 1.1.2/Exercise 1.1.2

Traduisez en français. Utilisez un dictionnaire pour les mots que vous ne connaissez pas!/ Translate to French. Use a dictionary for any words you don't know!

1) France is near Spain, Italy and Germany.
   _____

2) Asia is a continent.
   _____

3) How many continents are there in the world?
   _____

4) Earth has many oceans.
   _____

5) The Mediteranean sea is between Europe, Africa and Asia.
   _____

6) There is a big ocean between North America and Europe.
   _____

7) Morocco, Mali and Egypt are countries of Africa.
   _____

8) Argentina, Chile and Brazil are countries of South America.
   _____

Exercice 1.1.3/Exercise 1.1.3

Remplissez les trous avec l'article qui convient./Fill in the blank with the appropriate article.

1) _____ Sénégal
2) _____ Éthiopie
3) _____ Thaïlande
4) _____ Belgique
5) _____ Mali
6) _____ Emirats Arabes
7) _____ Norvège
8) _____ France
9) _____ Vietnam
10) _____ Maroc

RUBRIQUE 2/SECTION 2

Lecture 1.1/Reading 1.1

Une Rencontre Dans L'Avion

Lisez le dialogue suivant et répondez aux questions avec des phrases complètes./Read the following dialogue and answer the questions with complete sentences.

Paul est français. Il est dans l'avion. Il fait la connaissance de sa voisine.

Paul: Bonjour! Je m'appelle Paul. Je suis français. Vous êtes américaine, n'est-ce pas? D'où venez-vous, exactement?

Anne: Bonjour Paul, enchantée! Oui, je suis américaine. Je viens de la Nouvelle-Orléans, dans le Sud des États-Unis.

Paul: Ah, c'est drôle! Je viens d'Orléans, au Sud-Ouest de Paris. Vous parlez très bien français, vous n'avez pas d'accent!

Anne: C'est normal, je suis bilingue. Ma mère est américaine et mon père vient de Belgique. Chez moi, on parle français et anglais depuis que je suis petite.

Paul: Je comprends maintenant. Mes grands-parents viennent d'Espagne, mais je ne parle pas espagnol. Je parle seulement français et un peu d'anglais.

Exercice 1.2.4/Exercise 1.2.4

1) D'où viennent Paul et Anne?

_____

_____

2) D'où viennent les parents d'Anne? Quelles langues est-ce qu'elle parle?

_____

_____

3) D'où viennent les grands-parents de Paul? Quelle langue est-ce qu'il ne parle pas?

_____

_____

RUBRIQUE 3/SECTION 3

Grammaire 1.1/Grammar 1.1

Les Prépositions De Lieu/Prepositions Of Place

Which preposition should you use with a country? First, you must know the country's gender. Countries that end in -e are feminine, with the exceptions of: le Belize, le Cambodge, le Mexique, le Mozambique, le Zimbabwe. The rest are masculine. All continents end in -e and are feminine.

1) Feminine countries/continents take "en" (in/to) or "de" (from) with no article.

Example: Je suis en Russie. I am in Russia.

   Je vais en Russie. I'm going to Russia.

   Je viens de Russie. I come from Russia.

2) Masculine and plural countries take "à" (in/to) or "de" (from) plus the appropriate definite article.

Example: Je suis au Chili. I am in Chile.

   Je vais au Chili. I'm going to Chile.

   Je viens du Chili. I come from Chile.

Note: When masculine countries start with a vowel, they take "en" (in/to) and "de" (from).

Example: Je suis en Iran. I am in Iran.

   Je vais en Iran. I'm going to Iran.

   Je viens d'Iran. I come from Iran.

3) The prepositions "à" (in/to) and "de" (from) are always used with cities.

Example: Je suis à Londres. I am in London.

   Je vais à Londres. I'm going to London.

   Je viens de Londres. I come from London.

Exercice 1.3.5/Exercise 1.3.5

Traduisez en français./Translate to French.

1) You (sing.) come from Spain.   _____

2) He comes from Argentina.   _____

3) They (f.) come from Russia.   _____

CHAPITRE 1

4) You (pl.) don't come from Chile. _____

5) She doesn't come from the USA. _____

6) We don't come from Japan. _____

7) I come from Europe. _____

8) They (m.) come from Asia. _____

Exercice 1.3.6/Exercise 1.3.6

Traduisez en français./Translate to French.

1) We are in France. _____

2) They (f.) are in Peru. _____

3) I am in Belgium. _____

4) He is in Switzerland. _____

5) He isn't in the United States. _____

6) She isn't in Madrid. _____

7) You all are going to Canada. _____

8) She is going to Italy. _____

9) They (m.) are going to Morocco. _____

10) We are going to go to Mexico. _____

11) They (m.) are going to live in Chicago.

_____

12) You aren't going to live in South America.

_____

Exercice 1.3.7/Exercise 1.3.7

Imaginez votre itinéraire idéal pour un voyage en Europe. Quels pays et villes allez-vous visiter, et dans quel ordre?/Imagine your ideal itinerary for a trip to Europe. Which countries and cities are you going to visit, and in which order?

_____

_____

_____

Grammaire 1.2/Grammar 1.2

Description Spatiale/Spatial Descriptions

A spatial preposition or adverb is a word used to describe the position of an object, often in relation to another object. There are many such words in French.

Some are prepositions, meaning they introduce a complement:

Le livre est **sur** la table. The book is on the table.

Some are adverbs, meaning they qualify the verb or the whole sentence, without a complement:

À droite, vous pouvez voir une église. **On the right**, you can see a church.

Many can be used as adverbs (no complement), and as a preposition when you add **de** after:

J'habite **loin**. I live **far**.

Elle habite **loin** de la mer. She lives **far** *from the sea*.

Here are a few important spatial prepositions and adverbs:

Sur	On
Sous	Under
Entre	Between
Dans	In
Derrière	Behind
Devant	Before, in front of
Au milieu (de)	In the middle (of)
Au centre (de)	In the center (of)
À côté (de)	Beside, next (to)

CHAPITRE 1

À l'intérieur (de)	Inside (of)
À l'extérieur (de)	Outside (of)
Au-dessus (de)	Above
Au-dessous (de)	Underneath, below
Près (de)	Close (to)
Loin (de)	Far (from)
En haut (de)	At the top (of)
En bas (de)	At the bottom (of)
Au nord (de)	North (of)
Au sud (de)	South (of)
À l'est (de)	East (of)
À l'ouest (de)	West (of)
À gauche (de)	On the left (of)
À droite (de)	On the right (of)

Exercice 1.4.8/Exercise 1.4.8

Associez./Match.

1) On the desk
2) Under the table
3) Above
4) In the house
5) At the bottom
6) Close to my house
7) Far from the city
8) Outside of the country
9) In the middle of the sea
10) Between the trees
11) Behind the house
12) In front of the woman

a) Devant la femme
b) Près de ma maison
c) Entre les arbres
d) Derrière la maison
e) Au milieu de la mer
f) À l'extérieur du pays
g) Sous la table
h) Au-dessus
i) Loin de la ville
j) Dans la maison
k) Sur le bureau
l) En bas

Exercice 1.4.9/Exercise 1.4.9

Traduisez en français./Translate to French.

1) At the top of the mountain, we can see the ocean.

2) My house is in the center of the city.

3) I live far from the library.

4) The nose is between the eyes.

5) Spain is below France and next to Portugal.

6) At the bottom of the street, there is a beautiful park.

7) Inside my house, it is warm. Outside, it is cold.

8) The plant is on the table.

9) The trash can is under the desk.

10) Look! There is a dog next to your cat.

CHAPITRE 1

Exercice 1.4.10/Exercise 1.4.10

Regardez votre bureau, et décrivez ce que vous voyez: qu'est-ce qu'il y a sur le bureau? Sous le bureau? À côté? Au-dessus? Près et loin du bureau?/Look at your desk, and describe what you see: what is there on the desk? Under the desk? Next to it? Above? Close and far from it?

_____

_____

_____

_____

_____

_____

_____

RUBRIQUE 4/SECTION 4

Lecture 1.2/Reading 1.2

Géographie Du Québec

Lisez le texte suivant et répondez aux questions avec des phrases complètes./Read the following text and answer the comprehension questions with complete sentences.

Le Québec est une province du Canada, située au-dessus des États-Unis, au nord-est de l'Amérique du Nord. Onze premières nations vivent au Québec, et la langue la plus parlée est le français. Dans le territoire du Québec, il y a beaucoup de rivières et de lacs. Le fleuve Saint-Laurent est le plus grand, il existe entre l'océan et le lac Ontario. Les deux villes importantes sont à côté du fleuve: Montréal et Québec. Si on regarde sur une carte, Montréal est très près des Etats-Unis!

Loin des grandes villes, à l'intérieur de la région, il n'y a pas beaucoup de villes, mais il y a beaucoup de montagnes, et on peut se perdre au milieu de parcs naturels magnifiques. Tout en haut, dans le nord, il fait très froid.

Exercice 1.5.11/Exercise 1.5.11

1) Avec quel pays est-ce que le Québec partage une frontière?

_____

_____

2) Où sont situées les grandes villes de cette province?

_____

_____

3) Qu'est-ce qu'il y a au milieu du Québec?

_____

_____

RUBRIQUE 6/SECTION 6

Rola Réponse Rapide

Rola Réponse Rapide/Rola Rapid Response

In this section, you will work on putting the things that you have learned together.

RRR Exercice 1/RRR Exercise 1

Traduisez en français./Translate to French.

Je	viens	d'	Europe
Tu	viens	du	Mali
Il	vient	des	États-Unis
Nous	venons	du sud de	la France
Vous	venez	de	Tunisie
Elles	viennent	de	Chine

1) I come from Europe.

_____

2) They come from Mali.

_____

3) You don't come from the United States.

_____

4) He doesn't come from southern France.

_____

CHAPITRE 1

5) We come from China.

_____

6) You come from Tunisia.

_____

7) I don't come from Tunisia.

_____

8) You all come from southern France.

_____

9) They don't come from China.

_____

10) You come from the United States.

_____

11) We don't come from Europe.

_____

12) You all don't come from Mali.

_____

 RRR Exercice 2/RRR Exercise 2

Traduisez en français./Translate to French.

Je vais	en	Australie
J'habite	à	Berlin
Je suis	au	Portugal
Je pars	d'	Iran

1) I live in Portugal. _____

2) I don't go to Berlin. _____

3) I am in Iran. _____

4) I don't leave Australia. _____

5) I go to Iran. _____

6) I don't live in Australia. _____

7) I leave Berlin. _____

8) I am not in Portugal. _____

RRR Exercice 3/RRR Exercise 3

Traduisez en français./Translate to French.

Les livres	sont	sur la table
L'ordinateur	est	dans la maison
Nous	sommes	à l'extérieur du magasin
La rivière	est	au nord
Vous	êtes	devant la porte
L'arbre	est	à côté de la plage

1) The computer is in front of the door.
   _____

2) We are next to the beach.
   _____

3) The river isn't in the north.
   _____

4) The books aren't in front of the door.
   _____

5) The tree is outside of the store.
   _____

6) We are not in the house.
   _____

7) You are not outside the store.
   _____

8) The computer isn't on the table.
   _____

9) The books are on the table.
   _____

CHAPITRE 1

10) The tree isn't in the north.

_____

11) The river is next to the beach.

_____

12) You are in the house.

_____

CHAPITRE 2
RUBRIQUE 1/SECTION 1

Vocabulaire 2.1/Vocabulary 2.1

Les Vacances/Vacation

La montagne	*The mountain*
La plage	*The beach*
La campagne	*The countryside*
La station de ski	*The ski resort*
La station balnéaire	*The beach resort*
L'appareil photo (m.)	*The (picture) camera*
Le billet	*The ticket*
La boîte de nuit	*The nightclub*
La carte	*The map*
La crème solaire	*The sunscreen*
Le/la guide	*The guide*
L'hôtel	*The hotel*
L'auberge de jeunesse	*The youth hostel*
Le camping	*The campground*
Le maillot de bain	*The swimsuit*
Le paysage	*countryside*
Le sable	*The sand*
Le sac-à-dos	*The backpack*
La tente	*The tent*
La valise	*The suitcase*
Le vol	*The flight*
Arriver	*To arrive*
Partir	*To leave*
Rentrer	*To go home*
Revenir	*To come back*

CHAPITRE 2

Venir	*To come*
Voyager	*To travel*
Visiter	*To visit*
S'amuser	*To have a good time*
Se baigner	*To bathe*
Bronzer	*To sunbathe*
Se détendre	*To relax*
Faire un pique-nique	*To have a picnic*
Faire sa valise	*To pack*
Prendre des congés	*To take days off*
Partir en vacances	*To go on vacation*
Prendre une photo	*To take a picture*
Réserver une chambre	*To reserve a room*
Louer	*To rent*

Exercice 2.1.1/Exercise 2.1.1

Associez./Match.

1) Your swimsuit
2) My map
3) The mountains
4) Our hotel
5) A beautiful landscape
6) Their flight
7) The beach
8) A youth hostel
9) Her backpack
10) The tent
11) His suitcase
12) The ski resort

a) La tente
b) Une auberge de jeunesse
c) La station de ski
d) Ton maillot de bain
e) Son sac à dos
f) Ma carte
g) Sa valise
h) Les montagnes
i) La plage
j) Notre hôtel
k) Leur vol
l) Un beau paysage

Exercice 2.1.2/Exercise 2.1.2

Conjuguez le verbe au présent de l'indicatif ou au présent de l'impératif./Conjugate the verb in the present of the indicative or in the present of the imperative.

1) Vous partez en vacances? _____ bien! (s'amuser)

2) Quand je vais aux États-Unis, mon avion _____ (partir) de Paris et _____ (arriver) à New-York.

3) Si tu vas à la plage, _____ (se baigner) dans la mer! C'est très relaxant, l'eau est chaude.

4) Quand nous sommes à la campagne, nous _____ (faire) un pique nique très souvent.

5) Regarde ce paysage, c'est magnifique! _____ (prendre) une photo!

6) Elles adorent voyager, parce qu'elles _____ (visiter) des musées et elles rencontrent des gens!

7) _____ (se détendre)! Lisez un livre, ou faites une sieste!

8) Il habite dans une station balnéaire, alors il va souvent à la plage et il _____ (bronzer).

Exercice 2.1.3/Exercise 2.1.3

Décrivez vos vacances idéales!/Describe your ideal vacation!

_____
_____
_____
_____
_____
_____
_____
_____

CHAPITRE 2

RUBRIQUE 2/SECTION 2

 Grammaire 2.1/Grammar 2.1

Le Futur Simple/Simple Future

The simple future of the indicative is the tense used to talk about future events, whether relatively close, or very far, from the present moment. In English the future is expressed by "will" plus a verb.

> Demain, j'irai à la plage. Tomorrow, I will go to the beach.

> Dans trente ans, nous serons à la retraite. In thirty years, we will be retired.

To form it, we use the infinitive, and add the following endings:

Je	-ai	Nous	-ons
Tu	-as	Vous	-ez
Il/Elle	-a	Ils/Elles	-ont

Manger => je mangerai (I will eat)

Finir => tu finiras (you will finish)

Attention! For verbs of the third group, drop the final -e of the infinitive ending in -RE

Prendre => elle prendra (she will take)

Mettre => nous mettrons (we will put)

Some verbs have an irregular stem for the simple future, meaning the stem isn't their infinitive form. Here are some of these irregular stems to memorize:

être => SER => je serai   avoir => AUR => j'aurai

aller => IR => j'irai   faire => FER => je ferai

pouvoir => POURR => je pourrai   devoir => DEVR => je devrai

vouloir => VOUDR => je voudrai   savoir => SAUR => je saurai

voir => VERR => je verrai   venir => VIENDR => je viendrai

 Exercice 2.2.4/Exercise 2.2.4

Conjuguez ces verbes au futur simple./Conjugate these verbs in the simple future.

1) Être

Je	Nous
Tu	Vous
Il/Elle/On	Ils/Elles

2) Avoir

Je	Nous
Tu	Vous
Il/Elle/On	Ils/Elles

3) Faire

Je	Nous
Tu	Vous
Il/Elle/On	Ils/Elles

4) Pouvoir

Je	Nous
Tu	Vous
Il/Elle/On	Ils/Elles

5) Savoir

Je	Nous
Tu	Vous
Il/Elle/On	Ils/Elles

6) Devoir

Je	Nous
Tu	Vous
Il/Elle/On	Ils/Elles

7) Aller

Je	Nous
Tu	Vous
Il/Elle/On	Ils/Elles

8) Vouloir

Je	Nous
Tu	Vous
Il/Elle/On	Ils/Elles

Exercice 2.2.5/Exercise 2.2.5

Complétez avec le verbe conjugué au futur simple./Complete with the verb conjugated in the simple future.

1) L'année prochaine, nous _____ (aller) en France et nous _____ (habiter) à Paris.

2) Demain, elle _____ (faire) les courses, et ses colocataires _____ (faire) le ménage.

3) Comment est-ce que vous _____ (s'amuser) quand vous _____ (être) en vacances?

4) Quand les enfants _____ (être) grands, ils _____ (devoir) travailler.

5) La semaine prochaine, il y _____ (avoir) un festival de musique, et on _____ (pouvoir) danser!

6) Tu _____ (manger) une salade, et tu _____ (boire) de l'eau.

7) Si j'ai le temps cet été, je _____ (partir) en vacances à Hawai'i.

8) Ce soir, nous _____ (dîner) avec nos amis, et nous _____ (parler) de nos projets pour le futur.

9) Est-ce que tu sais si Leah et Rachel _____ (venir) ce week-end?

10) J'espère que tu _____ (voyager) l'année prochaine!

Exercice 2.1.3/Exercise 2.1.3

Comment sera votre vie dans dix ans? Utilisez le futur simple dans votre réponse./How will your life be in ten years? Use the simple future in your answer.

_____

_____

_____

_____

_____

_____

RUBRIQUE 3/SECTION 3

Lecture 2.1/Reading 2.1

Un Voyage En Égypte

Lisez le texte suivant et répondez aux questions avec des phrases complètes./Read the following text and answer the comprehension questions with complete sentences.

C'est décidé, l'été prochain, je ferai un grand voyage avec mes frère et sœurs! Je prendrai plusieurs semaines de congé, et nous partirons ensemble pour découvrir un pays merveilleux: l'Égypte. D'abord, il faudra acheter nos billets d'avion pour le Caire: mon frère Hugo cherchera les vols sur Internet parce qu'il trouve toujours les meilleurs prix. Ensuite, on s'occupera de l'hôtel. Ma sœur Sophie est très organisée, donc c'est elle qui réservera des chambres pour tout le monde dans un bon hôtel, au centre de la ville. Au Caire, nous visiterons les Pyramides, bien sûr, et le musée d'histoire et d'archéologie. Nous nous promènerons dans les rues, et dans le souk, un très grand marché. Peut-être que les marchands nous vendront des épices! Nous goûterons la cuisine égyptienne.

Après le Caire, nous louerons une voiture pour aller dans le désert, et nous verrons la vallée des rois et des reines. Ce sera impressionnant. Le soleil est très fort dans le désert, mais heureusement, ma sœur Béatrice apportera de la crème solaire, et des lunettes de soleil, dans sa valise! J'espère qu'elle n'oubliera pas son chapeau.

Je connais un peu l'arabe, alors je parlerai avec les gens, mais avant de partir, j'apprendrai plus de vocabulaire. Et ma sœur Élisabeth est la plus artistique de la famille, je suis sûre qu'elle prendra beaucoup de photos des monuments, et qu'elle dessinera les paysages dans son cahier. J'espère qu'elle nous les enverra par mail après le voyage!

Exercice 2.3.7/Exercise 2.3.7

1) Qu'est-ce que nous ferons au Caire?

_____

_____

2) Qu'est-ce que Béatrice apportera dans sa valise?

_____

_____

3) Qui s'occupera d'acheter les vols et les chambres d'hôtel? Pourquoi?

_____

_____

CHAPITRE 2

RUBRIQUE 2/SECTION 2

 Grammaire 2.2/Grammar 2.2

Futur Simple Ou Futur Proche?/Simple Or Near Future?

You now know two tenses used to talk about the future: the near future, and the simple future. They are generally interchangeable: you can use either tense, and the meaning will be the same. But there are a few nuances between the two:

1) **Formality:** The near future is more informal, the simple future is more formal. This means you will most likely encounter the near future in oral, spoken French, and the simple future in written French.

2) **Distance from the present moment:** The simple future is used to talk about actions that will take place either in a near or very far future; the near future is more commonly used to talk about events happening in a very near future.

3) **Certainty:** Using the near future generally means that the speaker is fairly certain that this event will happen. The simple future indicates a lesser degree of certainty.

 Exercice 2.4.8/Exercise 2.4.8

Traduisez en français./Translate to French.

1) I am going to go.

   I will go.

2) You are going to sing.

   You will sing.

3) She is going to choose.

   She will choose.

4) He is going to do the dishes.

   He will do the dishes.

5) We are going to know.

   We will know.

6) You (pl.) are going to come.

   You will come.

7) They (m.) are going to relax.

They will relax. _____

8) They (f.) are going to see the world. _____

They will see the world. _____

Exercice 2.4.9/Exercise 2.4.9

Choisissez le futur proche ou le futur simple. Dans ces phrases, les deux temps sont corrects, mais un est plus approprié que l'autre!/Choose the near future or the simple future. In these sentences, both tenses are correct, but one is more appropriate than the other!

1) Je vois des nuages: il _____. (pleuvoir)

2) Dans cinq ans, je _____ riche et célèbre (être)

3) Elle fait un test de grossesse (pregnancy), et elle sait qu'elle _____ un enfant. (avoir)

4) Quand nous _____ en vacances, nous _____ le temps de nous détendre. (être) (avoir)

5) Je veux aller en France! Je _____ un billet d'avion immédiatement. (acheter)

6) Dans trois jours, il _____ son anniversaire. (célébrer)

7) Le gouvernement _____ des mesures d'urgence. (prendre)

8) "Bonjour Rachel! Qu'est-ce que tu _____ pour le déjeuner?" (manger)

9) Si nous ne changeons pas notre mode de vie (lifestyle), la planète ne _____ pas. (survivre)

10) Qu'est-ce que tu _____ comme travail quand tu recevras ton diplôme? (faire)

Exercice 2.4.10/Exercise 2.4.10

Traduisez en français./Translate to French.

1) Let's have a picnic! I am going to buy bread and cheese, and you will bring fruits.

_____

2) One day, I will go back to Palestine.

_____

3) The students are going to study for the exam: they are going to get up at 7 A.M.

_____

4) In ten years, she will be stronger than her sister.

_____

5) Where will you go next year?

_____

6) Tonight, they are going to watch TV and eat pizza.

_____

RUBRIQUE 5/SECTION 5

Lecture 2.2/Reading 2.2

Préparatifs De Vacances

Lisez le dialogue suivant et répondez aux questions avec des phrases complètes./Read the following dialogue and answer the comprehension questions with complete sentences.

Leah: Est-ce qu'on peut parler des préparatifs pour le voyage qu'on va faire ensemble cet été?

Rachel: Ok! Quand est-ce que tu vas réserver une place dans le camping?

Leah: Je vais faire ça demain. Et il faudra aussi ne pas oublier de louer une voiture. J'espère que ce ne sera pas trop cher, parce que nous n'avons pas beaucoup d'argent pour ces vacances...

Rachel: Je note ça dans mon agenda, ne t'inquiète pas. Quand on fera nos sacs, tu penseras à la tente, et je m'occuperai des ustensiles de cuisine, d'accord?

Leah: D'accord. Bon, et puisque notre camping sera près de la mer, on ira probablement souvent à la plage. Quelles activités est-ce que tu voudras faire?

Rachel: Ah, j'ai plein d'idées! On va mettre nos maillots de bain, d'abord, et on ira nager, si l'eau n'est pas trop froide. On pourra jouer au ballon sur le sable, ou à des jeux de société. Ma soeur a un appareil photo, je vais l'emprunter (to borrow) et je prendrai des photos de la mer et de la plage, et puis des photos de nous, aussi! Il y aura plein de choses à faire pour s'amuser.

Leah: Moi, j'ai plutôt envie de m'allonger sur ma serviette, de lire un bon livre au soleil, et de bronzer...

Rachel: Oui, ça m'étonne pas... Je vais aller acheter une tonne de crème solaire pour toi. Je pense que tu vas en avoir besoin.

 Exercice 2.5.11/Exercise 2.5.11

1) Qu'est-ce que Leah va faire demain?

_____

_____

2) Qu'est-ce que Rachel va acheter pour Leah? Pourquoi?

_____

_____

3) Quelles activités est-ce que Rachel va faire à la plage?

_____

_____

RUBRIQUE 7/SECTION 7

 Rola Réponse Rapide

Rola Réponse Rapide/Rola Rapid Response
In this section, you will work on putting the things that you have learned together.

 RRR Exercice 1/RRR Exercise 1

Traduisez en français./Translate to French.

Je	ferai	le ménage
Tu	feras	les courses
Il	fera	la vaisselle
Nous	ferons	un pique-nique
Vous	ferez	vos valises
Elles	feront	une promenade

1) I will do the dishes. _____

2) We won't take a walk. _____

CHAPITRE 2

3) You (pl.) won't do house cleaning. _____

4) You (sing.) will pack your bags. _____

5) We will have a picnic. _____

6) They will do house cleaning. _____

7) I won't have a picnic. _____

8) He will take a walk. _____

9) You (sing.) won't do the dishes.
_____

10) We won't pack our bags.
_____

11) They won't go grocery shopping.
_____

12) You (pl.) will go grocery shopping.
_____

 RRR Exercice 2/RRR Exercise 2

Traduisez en français./Translate to French.

J'	irai	en France
Tu	iras	aux États-Unis
Elle	ira	au Japon
Nous	irons	en Argentine
Vous	irez	à Montréal
Ils	iront	en Algérie

1) You (pl.) will go to Algeria.
_____

2) You (sing.) won't go to the United States.
_____

3) They will go to France.
_____

4) I will go to Montréal.

_____

5) We won't go to Japan.

_____

6) She will go to Argentina.

_____

7) You (pl.) won't go to Montréal.

_____

8) They won't go to Argentina.

_____

9) We will go to the United States.

_____

10) I won't go to France.

_____

11) She won't go to Algeria.

_____

12) You (sing.) will go to Japan.

_____

RRR Exercice 3/RRR Exercise 3

Conjuguez chaque verbe à la personne donnée au futur simple et au futur proche./Conjugate each verb in the given person in the simple future and the near future.

1) Aimer, tu _____

2) Pouvoir, vous _____

3) Choisir, ils _____

4) Partir, il _____

5) Devoir, nous _____

6) Prendre, je _____

7) Mettre, elles _____

CHAPITRE 2

8) Travailler, elle _____

9) Lire, je _____

10) Croire, tu _____

11) Penser, on _____

🔧 RRR Exercice 4/RRR Exercise 4

Traduisez en français./Translate to French.

1) Do you (sing.) want to go to the mountain, to the countryside, or to the sea?
   _____

2) This winter, we will take the train to go to a ski resort.
   _____

3) My friends are going to dance in a nightclub tonight, but I am going to stay in the hotel.
   _____

4) We have to find a guide!
   _____

5) My flight leaves at 4:30 P.M. and arrives at 8 A.M.
   _____

6) She will have to rent a car.
   _____

7) Are you (pl.) going to reserve a hotel room tomorrow?
   _____

8) When he goes on vacation, he always takes many pictures of the landscape.
   _____

9) Don't forget your (sing.) sunscreen!
   _____

10) These children travel often, so they have more backpacks and suitcases than their parents.
    _____

CHAPITRE 3
RUBRIQUE 1/SECTION 1

Vocabulaire 3.1/Vocabulary 3.1

La Ville/The City

Une ville	A town, a city
La capitale	The capital
Un village	A village
Un quartier	A neighborhood
La rue	The street
La rue piétonne	The pedestrian street
Le passage piéton	The pedestrian crossing
Le trottoir	The sidewalk
La place	The (public) square
Le parc	The park
Le centre-ville	Downtown
La banlieue	The suburb
Un bâtiment	A building
Un appartement	An apartment
Un immeubl	An apartment or office building
Le marché	The market
Le supermarché	The supermarket
Le magasin	The store
Le bureau de tabac	A shop where one buys newspaper and tobacco
Un centre commercial	A mall
Le musée	The museum
La mairie	City hall

Le banc public	*The public bench*
Une église	*A church*
Un synagogue	*A synagogue*
Un temple	*A temple*
Une mosquée	*A mosque*

Exercice 3.1.1/Exercise 3.1.1

Associez./Match.

1) Notre quartier	a) Downtown
2) Mon appartement	b) The stores
3) Son immeuble	c) Our neighborhood
4) Le centre-ville	d) A small street
5) La mairie	e) The park
6) Les magasins	f) His apartment building
7) Le parc	g) The sidewalk
8) Le passage piéton	h) City hall
9) Une petite rue	i) My apartment
10) Le trottoir	j) The pedestrian crossing

Exercice 3.1.2/Exercise 3.1.2

Traduisez en français./Translate to French.

1) The mosque is in front of the pedestrian crossing.

   _____

2) This office building is taller than that mall.

   _____

3) I love my neighborhood, but it is far from downtown.

   _____

4) Paris is the capital of France.

___

5) This is a pedestrian street: cars can't be in this street.

___

6) The museum is behind the supermarket.

___

7) He is going to live in the suburb next year.

___

8) Children have to walk on the sidewalk!

___

Exercice 3.1.3/Exercise 3.1.3

Est-ce que vous habitez dans une grande ville? Qu'est-ce qu'il y a près de votre maison ou appartement? Décrivez!/Do you live in a big city? What is there near your house or apartment? Describe!

___
___
___
___
___
___
___

RUBRIQUE 2/SECTION 2

Lecture 3.1/Reading 3.1

Le Village De Mes Grands-parents

Lisez le texte suivant et répondez aux questions avec des phrases complètes./Read the following text and answer the comprehension questions with complete sentences.

Mes grands-parents habitent dans un village au nord-ouest de la France, près de l'océan atlantique. Leur village est très petit: il y a seulement deux rues principales, et tous les magasins sont sur ces deux rues. L'église est au milieu: c'est un vieux bâtiment qui date du Moyen-Age (Middle Ages). A côté de l'église, il y a un petit parc, avec des arbres, et un banc public. Parfois, mon grand-père s'assoit sur le banc pour discuter avec ses voisins. Il n'y a pas beaucoup de magasins dans le village: seulement une boulangerie, et un bureau de tabac. Mais tous les samedis, il y a un grand marché sur la place du village, et ma grand-mère va faire les courses! Moi, j'habite dans une grande ville, loin de leur village. Mais heureusement, il y a un bureau de poste, alors je peux leur envoyer des lettres.

Exercice 3.2.4/Exercise 3.2.4

1) Qu'est-ce qu'il y a le samedi?
___
___

2) Combien de magasins est-ce qu'il y a dans le village?
___
___

3) Qu'est-ce que mon grand-père fait parfois?
___
___

RUBRIQUE 3/SECTION 3

Grammaire 3.1/Grammar 3.1

Les Pronoms Indéfinis/Indefinite Pronouns

The indefinite pronouns express different nuances of identity or quantity. They are called indefinite because their meaning is usually vague and undetermined, but they are extremely common words. Here are a few:

1) **On**: This pronoun has three main uses: it can be an informal *nous*, it can designate *one* or *more undetermined people*, it can mean *people in general*.

   Leah, qu'est-qu'on mange ce soir? Leah, what are we eating tonight?

   En France, on mange beaucoup de fromage. In France, people eat a lot of cheese.

   On sonne à la porte! Someone (or some people) is (are) ringing the doorbell!

2) **Quelqu'un**: This pronoun means *someone*, *somebody*. It designates one person, who is undetermined.

Quelqu'un est dans la maison. Someone is in the house.

Ma sœur parle avec quelqu'un. My sister is talking with somebody.

3) **Tout le monde**: This pronoun is formed with the adjective *tout*, and the noun *le monde*. It means *everyone*, *everybody*.

Tout le monde aime Rachel. Everyone likes Rachel.

Ce film est pour tout le monde. This movie is for everyone.

4) **Quelque chose**: This pronoun designates an undetermined thing or idea. It means *something*.

Elle veut dire quelque chose. She wants to say something.

Quelque chose m'énerve. Something is annoying me.

5) **Tout**: This pronoun means *everything*.

Je mange tout! I eat everything!

Tout est normal. Everything is normal.

6) **Personne**: It is the negation of *on, quelqu'un*, and *tout le monde*. It means *nobody, no one*. As a negation, it is generally used with *ne*.

Personne ne peut partir. Nobody can leave.

Je ne vois personne. I don't see anyone. (OR I see no one.)

7) **Rien**: It is the negation of *quelque chose* and *tout*. It means *nothing*. As a negation, it is generally used with *ne*.

Je n'entends rien. I'm not hearing anything. (OR I hear nothing.)

Rien ne se passe. Nothing happens.

The pronouns *quelqu'un, quelque chose, personne* and *rien* can be qualified by an adjective, with the preposition *de*. This adjective will always be in the masculine singular form.

Il n'y a rien de nouveau. There is nothing new.

Elle a quelque chose de drôle à dire. She has something funny to say.

Je ne vois personne d'autre. I see nobody else, I don't see anybody else.

C'est quelqu'un de bien. This is a good person. (Literally: This is a good someone.)

CHAPITRE 3

Exercice 3.3.5/Exercise 3.3.5

Associez./Match.

1) Someone
2) Everything
3) We
4) Nothing
5) Nobody
6) Everybody
7) Something

a) On
b) Tout le monde
c) Rien
d) Quelqu'un
e) Quelque chose
f) Personne
g) Tout

Exercice 3.3.6/Exercise 3.3.6

Remplissez les trous avec le pronom qui convient./Fill in the blanks with the appropriate pronoun.

1) Je connais _____ qui vient du Maroc.
2) Ne fais _____ de sérieux pendant les vacances!
3) _____ est d'accord, Paris est une belle ville.
4) Si _____ a le temps, _____ ira au cinéma ce soir!
5) Il veut acheter _____ pour l'anniversaire de son mari.
6) Elle est malade, elle ne peut _____ faire.
7) Quand _____ ne fait le ménage, c'est un problème.
8) Venez manger, _____ est prêt!

Exercice 3.3.7/Exercise 3.3.7

Traduisez en français./Translate to French.

1) Nobody knows my parents. _____
2) Everything is perfect. _____
3) There is nobody in the store. _____
4) Do you know anyone with blond hair?
_____

5) Nothing is more important than love.

___

6) She is reading something interesting.

___

7) There is nothing funny in this book.

___

8) Everybody knows how to do the dishes.

___

RUBRIQUE 4/SECTION 4

 **Lecture 3.2/Reading 3.2**

Conseils Pour Une Promenade

Lisez le dialogue suivant et répondez aux questions avec des phrases complètes./Read the following dialogue and answer the comprehension questions with complete sentences.

Leah: Rachel, est-ce que tu as un moment?

Rachel: Bien sûr! Qu'est-ce qu'il y a? Tu as besoin de quelque chose?

Leah: Oui, j'ai besoin de conseils. Je veux aller me promener dans la ville demain, mais je ne sais pas quel est le meilleur quartier.

Rachel: Pourquoi pas le quartier chinois? Les bâtiments sont très jolis, et il y a de très bons restaurants.

Leah: C'est une bonne idée, mais il y aura beaucoup de gens demain, parce que ce sera le weekend. Je préfère quand il n'y a personne dans les rues, j'aime le silence.

Rachel: Dans ce cas, fais une promenade dans le parc, il n'y a rien de mieux pour le silence et la tranquillité! Tout le monde est très zen au parc, tu sais. Probablement parce qu'il y a beaucoup de beaux arbres, des fleurs magnifiques, et des bancs pour s'asseoir et lire, ou regarder le paysage.

Leah: Tu as l'air de beaucoup aimer ce parc… Tu veux venir avec moi demain?

Rachel: Avec plaisir! Tu es sûre?

Leah: Oui, c'est plus fun d'apprécier le silence avec quelqu'un d'autre!

Exercice 3.4.8/Exercise 3.4.8

1) Pourquoi est-ce que Leah veut parler à Rachel?

_____

_____

2) Comment est-ce que Rachel décrit le quartier chinois?

_____

_____

3) Qu'est-ce que Leah propose à Rachel de faire? Pourquoi?

_____

_____

RUBRIQUE 5/SECTION 5

Grammaire 3.2/Grammar 3.2

Tout/All, Every

Tout is a complicated word: it can be an adjective, a pronoun, or an adverb. When it is an adjective, it qualifies a noun, and it has to agree in number and gender with that noun. It is usually placed before a definite article, a determinative adjective, or a possessive adjective.

	Singulier	Pluriel
Masculin	Tout	Tous
Fémenin	Toute	Toutes

It is used to express regular frequency and totality.

Examples/Exemples:

J'étudie toute la nuit. I study all night long.

Je vais à l'école tous les jours. I go to school every day.

Vous devez finir tous vos devoirs. You have to finish all your homework.

Elle passe toute sa journée dehors. She spends her whole day outside.

Attention: Tous les jours => every day VS. toute la journée => the whole day, all day long

Tous les ans => every year VS. toute l'année => the whole year, all year long

Tous les matins => every morning VS. toute la matinée => the whole morning

Tous les soirs => every evening VS. toute la soirée => the whole evening

Tout is also used in many expressions, often with a sense of intensity, or "any:"

À toute vitesse	At full speed
À tout age	At any age
En toute saison	In any season
À tout prix	At any cost, no matter the cost
De toute façon	In any way, anyway, anyhow
À tout hasard	By any chance

Pronunciation tip: the final -s of *tous* is silent!

Exercice 3.5.9/Exercise 3.5.9

Complétez avec la forme de tout qui convient./Complete with the appropriate form of tout.

1) _____ les étudiants
2) _____ les gommes
3) _____ le lycée
4) _____ la journée
5) _____ les nuits
6) _____ les professeurs
7) _____ la vie
8) _____ les ordinateurs
9) _____ le monde
10) _____ l'école

Exercice 3.5.10/Exercise 3.5.10

Traduisez en français./Translate to French.

1) Every day _____
2) All day long _____
3) Every morning _____
4) All morning long _____
5) Every year _____
6) All year long _____

7) Every evening _____

8) All evening long _____

9) Every night _____

10) All night long _____

11) I work every week. _____

12) He wants to be rich at any cost.

_____

13) I go to the library every week-end.

_____

14) You (pl.) can find love at any age.

_____

15) They drive at full speed.

_____

16) Do you (sing.) know Hugo, by any chance?

_____

17) We go to Russia every year, and we stay in Moscow the whole summer.

_____

Exercice 3.5.11/Exercise 3.5.11

Indiquez la fréquence à laquelle vous faites les activités suivantes. Répondez avec des phrases complètes./Indicate the frequency at which you do the following activities. Answer with complete sentences.

1) Manger le petit-déjeuner _____

2) Regarder un film _____

3) Prendre un café _____

4) Faire de l'exercice _____

5) Envoyer un email _____

6) Faire un cauchemar _____

7) Faire une promenade _____

8) Faire la cuisine _____

9) Prendre l'air _____

10) Voyager _____

RUBRIQUE 6/SECTION 6

Rola Réponse Rapide

Rola Réponse Rapide/Rola Rapid Response
In this section, you will work on putting the things that you have learned together.

RRR Exercice 1/RRR Exercise 1

Traduisez en français./Translate to French.

On	va	au supermarché
Tout le monde	veut aller	sur la grande place
Tout	est cher	dans le centre-ville
Rien n'	est beau	ici (here)
Quelqu'un	est	dans le quartier
Personne ne	se promène	dans la rue piétonne

1) We are not on the pedestrian street.
_____

2) Nothing is beautiful in the neighborhood.
_____

3) Nobody goes to the supermarket.
_____

4) Someone is here.
_____

5) Everyone goes in the main square.
_____

6) Nobody takes a walk in the main square.
_____

7) Everything is beautiful downtown.

8) Nothing is expensive at the supermarket.

9) People want to go downtown.

10) Someone takes a walk on the pedestrian street.

11) Everything is expensive in the neighborhood.

12) Everyone wants to go here.

 RRR Exercice 2/RRR Exercise 2

Traduisez en français./Translate to French.

Je	veux marcher	à toute vitesse
On	peut s'amuser	à tout âge
Les ados	veulent aller au parc	en toute saison
Les chats	aiment les siestes	à tout prix
De toute façon	vous	avez le temps
Elle	parle	à tout hasard

1) Do you have the time, by any chance?

2) I don't want to walk anyway.

3) Cats like naps in any season.

4) She talks at top speed.

5) The teens want to go to the park at any cost.

_____

6) People can have fun at any age.

_____

RRR Exercice 3/RRR Exercise 3

Faites des phrases avec les mots suivants, puis traduisez en anglais./Make sentences from the following words, then translate to English.

1) de achète l'anniversaire quelque chose Elle pour de sa surprenant fille.

_____

_____

2) ne moins quand pas travailler On on a de 18 ans peut.

_____

_____

3) Il vendredi n'y au supermarché a le personne soir.

_____

_____

4) Tout le monde d'habiter que mieux dans pense une grande c'est ville.

_____

_____

5) je Le weekend ne pas, je rien pendant travaille toute ne fais la journée.

_____

_____

CHAPITRE 3

 **RRR Exercice 4/RRR Exercise 4**

Associez./Match.

1) Tout le monde   a) Every month
2) À toute vitesse   b) All the countries
3) Tous les enfants   c) At any cost
4) Toute la soirée   d) Everybody
5) Tous les mois   e) All the time
6) À toute heure   f) All the children
7) De toute façon   g) All evening long
8) À tout prix   h) At any time
9) Tous les pays   i) At top speed
10) Tout le temps   j) Anyhow

 **RRR Exercice 5/RRR Exercise 5**

Traduisez en français./Translate to French.

1) In Paris, there are churches, temples, mosques and synagogues.

_____

2) My father works in a museum in Paris.

_____

3) She will go to the mall tomorrow, she has errands to run.

_____

4) To get married, people have to go to the city hall downtown.

_____

5) The tallest apartment buildings are in the suburbs.

_____

6) We will walk on the sidewalk and in the pedestrian crossing, but not in the street.

_____

7) There is a market in my neighborhood every Saturday.

_____

8) Between two pedestrian streets, there is a big, beautiful square. Everyone loves it!

_____

9) There are more public benches in the park than next to this store.

_____

10) My grand-mother is going to buy cigarettes at the tobacco shop.

_____

CHAPITRE 4
RUBRIQUE 1/SECTION 1

Vocabulaire 4.1/Vocabulary 4.1

Les Transports/Transport

L'aéroport (m.)	*The airport*
L'avion (m.)	*The plane*
L'autocar, le car	*The coach*
L'autobus, le bus	*The bus*
Le bateau	*The boat*
La gare	*The train station*
Le train	*The train*
La SNCF (Société Nationale des Chemins de Fer)	*The French National Railroad Company*
Le chemin de fer	*The railroad (literally "the path of iron")*
La moto	*The motorbike*
Le camion	*The truck*
Le taxi	*The taxi*
Les transports en commun	*Public transportation*
Le métro	*The subway*
La station de métro	*The subway station*
L'arrêt de bus	*The bus stop*
Un ticket	*A ticket (bus, subway)*
Un billet	*A ticket (plane, train)*
Un aller simple	*A one-way ticket*
Un aller-retour	*A round-trip (ticket)*
Le départ	*The departure*
L'arrivée	*The arrival*
Les horaires	*The timetable, the schedule*
Le quai	*The platform*

Le terminus	*The last stop*
Une ligne	*A line (bus, subway)*
Un voyageur/une voyageuse	*A traveler*
Un passager/une passagère	*A passenger*
Un retard	*A delay*
Avoir du retard, être en retard	*To be late, to be delayed*
Un parking	*A parking lot*
Une place de parking	*A parking spot*
L'autoroute	*The highway, the freeway*
Se garer, stationner	*To park*
Conduire	*To drive*
Se déplacer	*To move, to get around*
Aller à pied	*To go by foot*
Aller à cheval	*To go by horse*
Aller en voiture, train, vélo, etc.	*To go by car, train, bike, etc.*

Exercice 4.1.1/Exercise 4.1.1

Associez./Match.

1) Conduire
2) Le ticket
3) L'autoroute
4) Se garer
5) L'aéroport
6) La gare
7) L'arrêt de bus
8) Un aller-retour
9) Tous les voyageurs
10) Terminus!
11) Être en retard
12) Le métro

a) All passengers
b) The subway
c) The bus stop
d) The ticket
e) A round-trip
f) To be delayed
g) To drive
h) The highway
i) The train station
j) To park
k) Last stop!
l) The airport

Exercice 4.1.2/Exercise 4.1.2

Traduisez en français./Translate to French.

1) I will have to buy subway tickets next week.

2) Her flight is late, she will be in the airport for three hours.

3) My friends want to go to Berlin by train, so they look for the time table at the train station.

4) I love driving on the highway because everybody is going fast, but I don't like trucks.

5) My son has a bike, and my daughter has a motorbike.

6) This is your (pl.) bus stop.

7) To park in Paris is very difficult. There are no parking spots.

8) The departure is at 14h. The arrival is at 17h.

9) Going by coach is less expensive than going by plane.

10) The passengers wait on the platform.

CHAPITRE 4

 Exercice 4.1.3/Exercise 4.1.3

Quel est votre moyen de transport préféré pour aller au travail? Quel est votre moyen de transport préféré pour voyager?/What is your favorite mode of transport to go to work? What is your favorite mode of transport to travel?

_____
_____
_____
_____
_____

RUBRIQUE 2/SECTION 2

 Lecture 4.1/Reading 4.1

Comment Aller À L'Université

Lisez le dialogue suivant et répondez aux questions avec des phrases complètes./Read the following dialogue and answer the comprehension questions with complete sentences.

Leah: J'irai à l'université à Nanterre l'année prochaine, dans la banlieue nord-ouest de Paris, mais nous habitons dans le sud de Paris. Est-ce que tu sais quels transports je pourrai prendre?

Rachel: Bonne question. Si je me souviens bien, il y a un seul arrêt de bus près de notre appartement. Le terminus de cette ligne de bus est dans le nord de Paris, mais elle ne va pas jusqu'à (all the way to) Nanterre.

Leah: Je vois. Est-ce qu'il y a un métro direct pour Nanterre?

Rachel: Non. Il faut prendre le train RER A, qui part de la station Châtelet.

Leah: Ok, alors je prendrai le bus, je changerai à Châtelet, et je prendrai le train. J'ai besoin d'un seul ticket, ou il faut des tickets différents pour le bus et le train?

Rachel: Bien sûr, tu peux utiliser le même ticket! Mais je te conseille d'acheter un pass Navigo pour avoir accès à tous les transports en commun à Paris. Il y a un prix spécial pour les étudiants, c'est moins cher.

Leah: C'est compliqué de se déplacer dans une grande ville…mais au moins on n'a pas besoin de conduire!

Rachel: Oui, avoir une voiture à Paris, c'est horrible. Il n'y a jamais de places de parking, les rues sont très étroites, et il y a beaucoup d'embouteillages (traffic)!

Exercice 4.2.4/Exercise 4.2.4

1) Où habitent Leah et Rachel? Où est l'université de Leah?

_____

_____

2) Qu'est-ce que Leah peut acheter selon Rachel? Pourquoi?

_____

_____

3) Pourquoi est-ce que c'est difficile d'avoir une voiture à Paris?

_____

_____

RUBRIQUE 3/SECTION 3

Grammaire 4.1/Grammar 4.1

Introduction Aux Temps Du Passé: Le Passé Composé/Introduction To Past Tenses: The "Passé Composé"

French has many different tenses to talk about the past. In the next three chapters, you will be introduced to two of them. Keep in mind these lessons are only meant as an introduction: some aspects of these tenses, namely concerning agreements of the past participle, aren't covered yet. You will learn about the past tenses more in depth, and keep practicing them, in future lessons.

The *passé composé* is one of the most common past tense in French. It is formed with two words: 1) the auxiliary, which is either *être* or *avoir*, conjugated in the present tense of the indicative, and 2) the past participle of the verb.

>J'ai mangé. I ate.

=> "ai" is the auxiliary, the verb *avoir* conjugated in the present tense.

=> "mangé" is the past participle of the verb *manger*.

Most verbs are conjugated with the auxiliary *avoir*. Some are conjugated with the verb *être*: usually, verbs of movement, like *aller, arriver, partir, sortir, venir*, etc.; pronominal verbs; four stative verbs: *devenir* (to become), *rester* (to stay), *naître* (to be born), *mourir* (to die).

>Je suis allée au parc. I went to the park.

> Elle s'est lavé les cheveux. She washed her hair.
>
> Tu es resté devant la maison. You stayed in front of the house.

For verbs of the first group, the past participle is formed by removing the -ER ending of the infinitive, and adding the ending -é.

> Manger: mangé, Parler: parlé, Acheter: acheté

For verbs of the second group, it is formed by removing the -IR ending of the infinitive, and adding the ending -i.

> Choisir: choisi, Finir: fini

For verbs of the third group and irregular verbs, the past participle is often irregular. Here are a few to memorize:

Avoir: eu, Être: été, Faire: fait, Aller: allé, Prendre: pris, Mettre: mis, Vouloir: voulu, Pouvoir: pu, Devoir: dû, Dire: dit, Écrire: écrit, Savoir: su, Boire: bu

The negation goes around the auxiliary, as it is the conjugated part of this tense.

> Je ne suis pas allée au parc. I didn't go to the park.
>
> Il n'a pas dormi. He didn't sleep.

Exercice 4.3.5/Exercise 4.3.5

Conjuguez ces verbes au passé composé./Conjugate these verbs in the passé composé.

1) Aller

Je	Nous
Tu	Vous
Il/Elle/On	Ils/Elles

2) Faire

Je	Nous
Tu	Vous
Il/Elle/On	Ils/Elles

3) Prendre

Je	Nous
Tu	Vous
Il/Elle/On	Ils/Elles

4) Vouloir

Je	Nous
Tu	Vous
Il/Elle/On	Ils/Elles

5) Manger

Je	Nous
Tu	Vous
Il/Elle/On	Ils/Elles

6) Choisir

Je	Nous
Tu	Vous
Il/Elle/On	Ils/Elles

7) Boire

Je	Nous
Tu	Vous
Il/Elle/On	Ils/Elles

8) Avoir

Je	Nous
Tu	Vous
Il/Elle/On	Ils/Elles

Exercice 4.3.6/Exercise 4.3.6

Avoir ou être? Choisissez l'auxiliaire qui convient./Avoir or être? Choose the right auxiliary.

1) Elle _____ mangé du pain et de la confiture pour le petit-déjeuner.

2) Ils _____ partis de Londres hier soir.

3) J'_____ habité à Paris en 2007.

4) Nous _____ fini notre travail.

5) Le chien ne s'_____ pas promené.

6) Je ne me _____ pas brossé les dents ce matin.

CHAPITRE 4

7) Tu _____ oublié ton ordinateur.

8) Vous n'_____ pas fait la vaisselle.

9) Ils _____ voulu aller à l'école en vélo.

10) Il _____ dormi toute la journée.

Exercice 4.3.7/Exercise 4.3.7

Qu'est-ce que vous avez fait hier? Racontez votre journée en utilisant le passé composé./What did you do yesterday? Tell about your day using the passé composé.

_____

_____

_____

_____

_____

RUBRIQUE 4/SECTION 4

Grammaire 4.2/Grammar 4.2

L'Objet Indirect/Indirect Objects

In French grammar, the indirect object refers to the noun to whom or for whom/what the action of the verb occurs. It is called indirect because it doesn't come directly after the verb; it is always preceded by a preposition. Some verbs take both an indirect object and a direct object.

Je parle à Vincent. I'm talking to Vincent.

Je donne le cadeau à mon chat. I give the present to my cat.

When the indirect object is a person, and is introduced by the preposition à, it can be replaced by a specific set of indirect object pronouns, to avoid repetition. In French, the pronoun always precedes the verb, and you do not need to repeat the preposition.

Je parle à Vincent. I'm talking to Vincent.

Je lui parle. I'm talking to him.

	1ère personne	2ème personne	3ème personne
Singulier	me / m'	te / t'	lui
Pluriel	nous	vous	leur

Some verbs that take an indirect objects in French:

Obéir à quelqu'un	To obey someone
Plaire à quelqu'un	To please someone, to be liked by someone
Répondre à quelqu'un	To answer someone
Téléphoner à quelqu'un	To call/phone someone
Parler à quelqu'un	To talk to someone
Poser une question à quelqu'un	To ask a question to someone
Donner quelque chose à quelqu'un	To give something to someone

Exceptions: These pronouns are not used with **pronominal verbs**, or **certain verbal expressions**, even if they take the preposition à + indirect object: être à quelqu'un (to belong to someone), penser à quelqu'un (to think of someone), faire attention à quelqu'un (to be careful with someone, to pay attention to someone)...

Exercice 4.4.8/Exercise 4.4.8

Remplacez l'objet indirect par le pronom qui convient./Replace the indirect object with the appropriate pronoun.

1) Je pose une question au professeur.

   _____

2) Je chante une chanson à ma fille.

   _____

3) Je téléphone à mes petits-enfants.

   _____

4) J'obéis à mon chef.

   _____

5) Je réponds à ma voisine.

   _____

6) Je donne un livre à mes nièces.

   _____

CHAPITRE 4

7) Je fais un cadeau à ma copine.

_____

8) J'écris une lettre à mes amis.

_____

9) Ma cuisine plaît à mes enfants.

_____

10) Je parle à mon mari.

_____

Exercice 4.4.9/Exercise 4.4.9

Traduisez en français./Translate to French.

1) I call (phone) her. _____
2) I call them (m.). _____
3) I call you all. _____
4) I call you. _____
5) I call them (f.). _____
6) She answers him. _____
7) She answers us. _____
8) She answers me. _____
9) She answers them. _____
10) She answers you. _____
11) We obey them. _____
12) You obey him. _____
13) I obey her. _____
14) You all obey us. _____
15) They (m.) obey me. _____
16) I obey you all. _____
17) He obeys her. _____
18) They (f.) obey me. _____

19) You (sing.) like the actor (the actor pleases you).

_____

20) He likes the dentist (the dentist pleases him).

_____

 Exercice 4.4.10/Exercise 4.4.10

Remplissez les trous avec le pronom d'objet indirect qui convient./Fill in the blank with the appropriate indirect object pronoun.

1) Il ne (her) _____ plaît pas.

2) Tu ne (me) _____ donnes jamais de baisers.

3) Vous (them) _____ avez écrit une lettre.

4) Il (you all) _____ a téléphoné tous les jours.

5) Nous (you) _____ avons posé une question.

6) Vous ne (me) _____ plaisez pas.

7) Le prof (us) _____ montre nos erreurs.

8) Ma fille (you) _____ a préparé une surprise.

9) Le directeur (us) _____ a expliqué les règles.

10) Je ne (her) _____ ai pas donné de livre.

RUBRIQUE 4/SECTION 4

 Lecture 4.2/Reading 4.2

J'ai Visité Lyon

Lisez le texte suivant et répondez aux questions avec des phrases complètes./Read the following text and answer the comprehension questions with complete sentences.

La semaine dernière, je suis allé à Lyon, une ville dans le centre de la France, et j'y suis resté deux jours. Mardi matin, je suis allé à la gare de Lyon à Paris, en métro. J'ai acheté un billet aller-retour au guichet (ticket counter) et je suis monté dans le train. Quand je suis arrivé à Lyon, j'ai choisi un café pour prendre mon petit-déjeuner. J'ai mangé un croissant, et j'ai bu un expresso. Dans ce café, j'ai rencontré une habitante de Lyon. Nous avons parlé, et elle m'a donné des conseils, et elle m'a laissé son numéro de téléphone. Ensuite, j'ai appelé un taxi pour aller à mon hôtel. Le conducteur de taxi m'a dit que Lyon est une très belle ville, très agréable à visiter, et qu'il y a des lignes de métro et de bus si je veux prendre les transports en commun.

J'ai déposé ma valise à l'hôtel, et je me suis promené dans le quartier de la Croix-Rousse. J'ai mangé une salade lyonnaise pour le déjeuner. J'ai passé l'après-midi dans le musée des Beaux-Arts. Mardi soir, j'ai rencontré d'autres touristes au restaurant, et nous avons discuté pendant plusieurs heures. Ils ont été très sympas et m'ont posé beaucoup de questions sur ma vie. Je me suis couché tôt, et je me suis réveillé à 8 heures mercredi. J'ai visité la cathédrale, et les ruines romaines, et après j'ai dû trouver la gare pour prendre mon train. Dans le train, mon ami m'a appelé au téléphone, et je lui ai raconté mon voyage.

Exercice 4.5.11/Exercise 4.5.11

1) Comment est-ce que je suis allé à Lyon? Comment est-ce que je suis allé à l'hôtel?
   _____
   _____

2) Qu'est-ce que j'ai mangé pour le petit-déjeuner mardi? Et pour le déjeuner mercredi?
   _____
   _____

3) Qui est-ce que j'ai rencontré au café? Qui est-ce que j'ai rencontré au restaurant?
   _____
   _____

RUBRIQUE 5/SECTION 5

Rola Réponse Rapide

Rola Réponse Rapide/Rola Rapid Response

In this section, you will work on putting the things that you have learned together.

RRR Exercice 1/RRR Exercise 1

Traduisez en français./Translate to French.

Je	suis allé	à San Francisco	en train
Tu	es allé	en Allemagne	en avion
Elle	est allée	au Canada	en bus
Nous	sommes allés	en Nouvelle-Zélande	en bateau
Vous	êtes allés	à Dublin	en moto
Ils	sont allés	au Pérou	en voiture

1) I went to Dublin by train.

2) They didn't go to Germany by car.

3) We didn't go to Peru by motorbike.

4) You (sing.) went to Canada by car.

5) You (sing.) didn't go to New Zealand by train.

6) They went to Peru by plane.

7) She didn't go to San Francisco by boat.

8) We went to Germany by motorbike.

9) You (pl.) didn't go to Dublin by bus.

10) I didn't go to Canada by boat.

11) She went to New Zealand by plane.

_____

12) You (pl.) went to San Francisco by bus.

_____

 RRR Exercice 2/RRR Exercise 2

Traduisez en français./Translate to French.

J'	ai fait	la vaisselle
Tu	as fait	la lessive
Il	a fait	une promenade
Nous	avons fait	les courses
Vous	avez fait	vos devoirs
Elles	ont fait	le ménage

1) You (sing.) did your homework.

_____

2) They did the house cleaning.

_____

3) He didn't go on a walk.

_____

4) We did the laundry.

_____

5) You (sing.) didn't do the dishes.

_____

6) I didn't do my homework.

_____

7) You (pl.) did the dishes.

_____

8) He did the laundry.

_____

9) I went grocery shopping.

_____

10) We didn't go on a walk.

_____

11) They didn't go grocery shopping.

_____

12) You (pl.) didn't do the house cleaning.

_____

RRR Exercice 3/RRR Exercise 3

Traduisez en français./Translate to French.

Je	lui	ai parlé	hier
Tu	nous	as parlé	la semaine dernière
Elle	m'	a parlé	mardi
Nous	t'	avons parlé	il y a deux ans
Vous	leur	avez parlé	il y a longtemps
Ils	vous	ont parlé	ce matin

1) You (pl.) talked to me yesterday.

_____

2) She talked to them last week.

_____

3) I didn't talk to her on Tuesday.

_____

4) We talked to you (pl.) two years ago.

_____

5) She didn't talk to us a long time ago.

_____

6) They didn't talk to you (sing.) this morning.

_____

7) You (sing.) talked to her two years ago.

_____

8) We didn't talk to them yesterday.

_____

9) They talked to you (pl.) this morning.

_____

10) You (pl.) didn't talk to us last week.

_____

11) You (sing.) didn't talk to me a long time ago.

_____

12) I talked to you (sing.) on Tuesday.

_____

RRR Exercice 4/RRR Exercise 4

Conjuguez chaque verbe à la personne donnée au présent, au futur simple et au passé composé./ Conjugate each verb in the given person in the present, simple future and passé composé.

1) Avoir, je　　_____

2) Être, tu　　_____

3) Aller, il　　_____

4) Faire, elle　　_____

5) Prendre, nous　　_____

6) Mettre, vous　　_____

7) Aimer, ils　　_____

8) Pouvoir, elles　　_____

CHAPITRE 5
RUBRIQUE 1/SECTION 1

Vocabulaire 5.1/Vocabulary 5.1

L'École Et Le Système Éducatif En France/School & The Education System In France

L'élève	*Student, pupil*
L'étudiant/l'étudiante	*University student*
Le professeur	*The teacher*
Le maître/la maîtresse, L'instituteur/l'institutrice	*The kindergarten or elementary school teacher*
Le diplôme	*Diploma*
Le baccalauréat, le bac	*Baccalaureate, high school diploma*
L'école maternelle, la maternelle	*Kindergarten*
L'école primaire	*Primary school*
Le collège	*Middle school*
Le lycée	*High school*
L'université (f.)	*University*
Le programme	*Syllabus, curriculum*
Le cours	*The class*
La récréation	*Break, playtime*
La salle de classe	*Classroom*
La matière	*Subject*
L'art (f.)	*Art*
La biologie	*Biology*
La chimie	*Chemistry*
L'économie (f.)	*Economics*
La géographie	*Geography*
La grammaire	*Grammar*
L'histoire (f.)	*History*

CHAPITRE 5

L'informatique (m.)	*Computer science*
Les langues	*Languages*
La littérature	*Literature*
Les mathématiques	*Mathematics*
La philosophie	*Philosophy*
La physique	*Physics*
La psychologie	*Psychology*
La sociologie	*Sociology*
Apprendre par coeur	*To learn by heart*
Avoir raison	*To be right*
Avoir tort	*To be wrong*
Enseigner	*To teach*
Passer un examen	*To take an exam*
Quitter l'école	*To drop out of school*
Réussir un examen	*To pass an exam*
Rater un examen	*To fail an exam*
Suivre un cours	*To take a class*

Exercice 5.1.1/Exercise 5.1.1

Associez./Match.

1) Elementary school
2) Chemistry
3) A teacher
4) To take a class
5) College
6) To be right
7) A diploma
8) High School
9) To be wrong
10) The subjects

a) Le lycée
b) Avoir raison
c) Les matières
d) La chimie
e) L'école primaire
f) Avoir tort
g) Un professeur
h) L'université
i) Un diplôme
j) Suivre un cours

Exercice 5.1.2/Exercise 5.1.2

À quel type d'école vont les groupes suivants?/Which type of school do the following groups go to?

1) Les élèves de 3 à 6 ans: _____
2) Les élèves de 6 à 11 ans: _____
3) Les élèves de 11 à 15 ans: _____
4) Les élèves de 15 à 18 ans: _____
5) Les étudiants de 18 ans et plus: _____

Exercice 5.1.3/Exercise 5.1.3

Traduisez en français./Translate to French.

1) I love math but I hate languages.
   _____

2) Teachers aren't always right.
   _____

3) She will study economics.
   _____

4) There is no playtime at university.
   _____

5) Physics is a difficult subject.
   _____

6) Are you good at geography?
   _____

7) There are more students in art class than in history class.
   _____

8) She dropped out of school because she failed her exam.
   _____

RUBRIQUE 2/SECTION 2

 **Lecture 5.1/Reading 5.1**

De L'École Maternelle À L'Université

Lisez le dialogue suivant et répondez aux questions avec des phrases complètes./Read the following dialogue and answer the comprehension questions with complete sentences.

Annie: Maman, quel métier est-ce que je vais avoir plus tard? Est-ce que je vais être journaliste, comme toi?

Mme Valéry: Je ne sais pas, Annie, je ne peux pas deviner le futur! Ça dépend des études que tu choisis de faire.

Annie: Alors, comment est-ce qu'on choisit ses études? Moi je crois que je veux être pompier. Ou archéologue. Ou experte des dinosaures.

Mme Valéry: Pas trop vite! Avant de pouvoir aller à l'université, il faut réussir à l'école! On commence par l'école maternelle, comme toi. Puis, on va à l'école primaire. Ensuite, on va au collège et on termine par le lycée. Enfin, si on est un bon élève, on peut entrer à l'université. Moi par exemple, d'abord j'ai passé le bac. Ensuite, je suis allée à l'université, j'ai fait une licence de journalisme, et après je suis entrée dans un master de journalisme. Pendant deux ans, j'ai beaucoup travaillé, et j'ai écrit mon mémoire de master - c'est comme un petit livre!

Annie: Ça a l'air difficile, l'université. Est-ce qu'il y a des tableaux, des gommes, des crayons et de la craie, comme à mon école? Est-ce qu'il y a des récréations? Est-ce que la maîtresse est gentille? Est-ce que tu as tous tes copains et copines dans la salle de classe?

Mme Valéry: Non, c'est sérieux, l'université! Mais ne t'inquiète pas, tu as beaucoup de temps avant les études. On verra dans dix ans!

 Exercice 5.2.4/Exercise 5.2.4

1) Quel est le métier de Mme Valéry? Quels métiers veut faire Annie?

_____

_____

2) Quelles études a fait Mme Valéry?

_____

_____

3) Comment est-ce que Annie décrit son expérience de l'école primaire?

_____

_____

RUBRIQUE 3/SECTION 3

 Grammaire 5.1/Grammar 5.1

Introduction Aux Temps Du Passé: L'Imparfait/Introduction To Past Tenses: The Imperfect

The imperfect is another extremely common tense to talk about the past in French. You will learn when to use the *passé composé* and when to use the *imparfait* next chapter. For now, let's focus on how the imperfect is formed.

To form the imperfect, you need the stem of the 1st person plural of the indicative present (*nous*). To find this stem, you remove the ending of the present tense.

> Parler => nous parlons (we talk) => the stem is **parl-**
>
> Finir => nous finissons (we finish) => the stem is **finiss-**
>
> Boire => nous buvons (we drink) => the stem is **buv-**

The only exception is the verb *être*, which uses the stem **ét-**.

Some impersonal verbs don't exist in the *nous* person, like *pleuvoir* => *il pleut* (it rains). In that case, the imperfect stem is the infinite stem: pleuvoir => **pleuv-**.

Once you know the stem of the imperfect, you add the following endings to conjugate it:

Je -ais	Nous -ions
Tu -ais	Vous -iez
Il, elle -ait	Ils, elles -aient

Exemples:

Chanter

Je chantais (I sang, was singing)	Nous chantions (We sang, were singing)
Tu chantais (You sang, were singing)	Vous chantiez (You sang, were singing)
Il chantait (He sang, was singing)	Elles chantaient (They sang, were singing)

Devoir

Je devais (I had to)	Nous devions (We had to)
Tu devais (You had to)	Vous deviez (You had to)
Elle devait (She had to)	Ils devaient (They had to)

Voir

Je voyais (I saw, was seeing)	Nous voyions (We saw, were seeing)
Tu voyais (You saw, were seeing)	Vous voyiez (You saw, were seeing)
Elle voyait (She saw, was seeing)	Elles voyaient (They saw, were seeing)

Exercice 5.3.5/Exercise 5.3.5

Conjuguez les verbes suivants à l'imparfait./Conjugate the following verbs in the imperfect.

1) Être

Je	Nous
Tu	Vous
Il/Elle/On	Ils/Elles

2) Avoir

Je	Nous
Tu	Vous
Il/Elle/On	Ils/Elles

3) Prendre

Je	Nous
Tu	Vous
Il/Elle/On	Ils/Elles

4) Faire

Je	Nous
Tu	Vous
Il/Elle/On	Ils/Elles

5) Aller

Je	Nous
Tu	Vous
Il/Elle/On	Ils/Elles

6) Donner

Je	Nous
Tu	Vous
Il/Elle/On	Ils/Elles

7) Choisir

Je	Nous
Tu	Vous
Il/Elle/On	Ils/Elles

8) Pouvoir

Je	Nous
Tu	Vous
Il/Elle/On	Ils/Elles

9) Connaître

Je	Nous
Tu	Vous
Il/Elle/On	Ils/Elles

10) Vouloir

Je	Nous
Tu	Vous
Il/Elle/On	Ils/Elles

Exercice 5.3.6/Exercise 5.3.6

Remplissez les trous avec le verbe conjugué à l'imparfait./Fill in the blanks with the verb conjugated in the imperfect.

1) Il _____ (faire) beau hier.

2) Je _____ (prendre) l'air.

3) Tu _____ (dire) que ton cours de français _____ (être) difficile.

4) Les enfants _____ (aimer) les bonbons.

5) Le chien _____ (avoir) peur du chat.

6) Les étudiants _____ (apprendre) la grammaire, mais ils ne _____ (comprendre) pas.

7) Il _____ (vouloir) retourner en Palestine mais il ne _____ (pouvoir) pas.

8) Quand nous _____ (être) petits, nous _____ (aller) camper tous les étés.

9) Vous _____ (savoir) faire du vélo.

10) Je _____ (finir) mes exercices en retard tous les soirs.

Exercice 5.3.7/Exercise 5.3.7

Traduisez en français, en utilisant l'imparfait./Translate to French, using the imperfect.

1) I was eating a croissant and I was drinking coffee for breakfast.
   _____

2) You (sing.) went to school by bus every day.
   _____

3) She slept the whole night.
   _____

4) We wanted to go to city hall.
   _____

5) You (pl.) were 13 years old last year.
   _____

6) They (m.) were happy when they were young.
   _____

7) He knew this song by heart.
   _____

8) Their (f.) feet were hurting because they (f.) walked all day long.
   _____

RUBRIQUE 3/SECTION 3

Grammaire 5.2/Grammar 5.2

"Y" Et "En"/The Pronouns "Y" & "En"

The pronouns *y* and *en* can have different functions, but usually, they are used to replace an indirect object. Just like other pronouns, they are placed before the verb they complement.

- *EN* replaces a noun of thing (not a person) introduced by the preposition *de*, including a noun introduced by the partitive article, or an expression of quantity.

Je mange **beaucoup de fromage** tous les jours. I eat a lot of cheese every day.

J'**en** mange beaucoup tous les jours. I eat a lot of it every day.

Il est le président **de cette association**. He is the president of this organization.

Il **en** est le président. He is the president of it.

Elle n'est pas satisfaite **de son travail**. She isn't satisfied with her job.

Elle n'**en** est pas satisfaite. She isn't satisfied with it.

- *Y* replaces a noun of thing (not a person) introduced by the preposition *à*, or any complement of place introduced by prepositions such as *à, dans, sur, sous, en,* etc. *Y* is most commonly translated as "there" in English.

J'habitais **à Bruxelles** quand j'étais petite. I lived in Brussels when I was a child.

J'**y** habitais quand j'étais petite. I lived there when I was a child.

L'oiseau n'est plus **sur la fenêtre**. The bird isn't on the window anymore.

L'oiseau n'**y** est plus. The bird isn't there anymore.

Est-ce que tu es **dans la rue**? Are you in the street?

Est-ce que tu **y** es? Are you there?

Exercice 5.4.8/Exercise 5.4.8

Remplacez les mots en gras par le pronom "y" ou "en."/Replace the words in bold by the pronoun "y" or "en."

1) J'habite **à Madrid**. _____

2) Je bois **de la bière**. _____

3) Il est content **de son cours de français**. _____

4) Elle va **en France**. _____

5) Nous jouons **de la guitare**. _____

6) Vous voyagez **aux États-Unis**. _____

7) Tu es **devant le magasin**. _____

8) Ils parlent **d'un film**. _____

CHAPITRE 5

Exercice 5.4.9/Exercise 5.4.9

"Y" ou "en?" Choisissez le pronom qui convient./"Y" or "en?" Choose the appropriate pronoun.

1) Leah: Tu connais Los Angeles?

   Rachel: Non, je n'_____ suis jamais allée.

2) Rachel: Tu fais du sport?

   Leah: Non, je n'_____ fais jamais.

3) Leah: Est-ce que nous avons du pain?

   Rachel: Oui, j'_____ ai acheté ce matin.

4) Rachel: Est-ce que mon livre est dans ton sac?

   Leah: Oui, il _____ est!

5) Rachel: Est-ce que tu aimes aller au cinéma?

   Leah: Non, je n'aime pas _____ aller.

Exercice 5.4.10/Exercise 5.4.10

Traduisez en français en utilisant le pronom d'objet indirect qui convient./Translate to French using the appropriate indirect object pronoun.

1) They will talk to her.

   _____

2) She is going there in June.

   _____

3) This class pleases them.

   _____

4) I buy a lot of it.

   _____

5) The children ask you (pl.) a question.

   _____

6) He drinks a kilo of it every day.

   _____

7) We give them a gift.

___

8) You (sing.) called me.

___

RUBRIQUE 4/SECTION 4

Lecture 5.2/Reading 5.2

Mon Expérience Du Lycée

Lisez le texte suivant et répondez aux questions avec des phrases complètes./Read the following text and answer the comprehension questions with complete sentences.

Quand j'étais adolescente, je n'aimais pas l'école. J'allais au Lycée Bertignac, qui était près de ma maison, dans notre quartier. Nous avions trop de cours: chimie, mathématiques, informatique, français, anglais et géographie... Mon cours préféré, c'était la physique, parce que la prof me laissait dormir au fond de la classe! Je reconnais que je ne travaillais pas beaucoup, donc mes notes étaient mauvaises. Les examens me paraissaient simples, mais je ne réussissais jamais. Le soir, je n'étudiais pas, je préférais appeler mes amies au téléphone, et nous discutions pendant des heures! Mes parents me disaient souvent que je devais prendre mes études au sérieux, parce qu'il fallait passer le bac à la fin du lycée pour aller à l'université, mais je n'étais pas très motivée. Je ne pensais pas vraiment au futur. Heureusement, dans ma dernière année de lycée, mon professeur de français était très sympa, et très doué avec les ados. Il était originaire de Genève, en Suisse, et il enseignait le français depuis seulement cinq ans. Il nous faisait rire en classe, et tous les élèves s'intéressaient aux textes qu'il nous présentait. Grâce à lui, j'ai travaillé, j'ai réussi mon bac, et je suis entrée à l'université pour étudier la littérature française!

Exercice 5.5.11/Exercise 5.5.11

1) Quel était mon cours préféré au lycée? Pourquoi?

___

___

2) Qu'est-ce que je faisais le soir?

___

___

3) Décrivez mon professeur de français.

___

___

CHAPITRE 5

RUBRIQUE 5/SECTION 5

 Rola Réponse Rapide

Rola Réponse Rapide/Rola Rapid Response
In this section, you will work on putting the things that you have learned together.

 **RRR Exercice 1/RRR Exercise 1**

Traduisez en français./Translate to French.

Je	voulais	réussir l'examen
Tu	voulais	partir en vacances
Nous	voulions	conduire notre voiture
Vous	vouliez	avoir raison

1) We wanted to be right.

2) I didn't want to drive my car.

3) You (pl.) wanted to pass the exam.

4) We didn't want to pass the exam.

5) You (sing.) didn't want to be right.

6) I wanted to go on vacation.

7) You (pl.) didn't want to go on vacation.

8) You (sing.) wanted to drive your car.

Il	était	fatigué	hier
Elle	avait	faim	ce matin
Ils	étaient	malade	la semaine dernière
Elles	avaient	froid	cet hiver

9) He was hungry yesterday.

_____

10) She wasn't tired this morning.

_____

11) They (m.) were cold this winter.

_____

12) They (f.) weren't sick yesterday.

_____

13) They (m.) weren't hungry last week.

_____

14) She was sick this winter.

_____

15) He wasn't cold this morning.

_____

16) They (f.) were tired last week.

_____

CHAPITRE 5

 RRR Exercice 2/RRR Exercise 2

Répondez aux questions en utilisant le pronom "y" ou "en."/Answers these questions using the pronoun "y" or "en."

1) Est-ce que vous avez beaucoup de chaussures?

2) Est-ce que vous croyez à l'astrologie?

3) Est-ce que vous buvez souvent du vin?

4) Est-ce qu'il y a un four dans votre cuisine?

5) Est-ce que vous allez souvent au centre commercial?

6) Est-ce que vous avez peur des requins?

7) Est-ce que vous faites du yoga?

8) Est-ce que vous avez voyagé en Australie?

9) Est-ce que vous jouez du piano?

10) Est-ce que vous êtes habitué(e) à la prononciation française?

RRR Exercice 3/RRR Exercise 3

Traduisez en français./Translate to French.

1) The middle school _____
2) The high school _____
3) The primary school _____
4) The university _____
5) The kindergarten _____
6) The teacher _____
7) The university student _____
8) The pupil _____
9) The white dictionary _____
10) The red pencil _____
11) The green computer _____
12) The blue pen _____
13) The black board _____
14) The pink classroom _____
15) The yellow book _____
16) A good grade _____
17) A beautiful sentence _____
18) A big exam _____
19) A complicated schedule _____
20) An easy question _____
21) A bad lesson _____
22) A big mistake _____
23) A small essay _____
24) A perfect answer _____
25) Lots of homework _____
26) To fail an exam _____

CHAPITRE 5

27) A long break _____

28) An easy subject _____

29) A difficult lesson _____

30) A good elementary teacher (f.) _____

CHAPITRE 6
RUBRIQUE 1/SECTION 1

Vocabulaire 6.1/Vocabulary 6.1

La Maison/The House

Une pièce	*A room*
La chambre	*The bedroom*
La cuisine	*The kitchen*
La salle de bain	*The bathroom*
La salle à manger	*The dining room*
Le salon, le séjour	*The living room*
Les toilettes	*The bathroom, the restroom*
Le bureau	*The office*
Le couloir	*The hallway*
L'entrée	*The entrance hall*
La porte	*The door*
La fenêtre	*The window*
Le volet	*The shutter*
Le mur	*The wall*
Le sol	*The ground, the floor*
Le plancher	*The flooring, the wood floor*
Le plafond	*The ceiling*
Le sous-sol	*The basement*
La cave	*The cellar*
Le toit	*The roof*
Le grenier	*The attic*
L'escalier, les escaliers	*The stairs*
Monter les escaliers	*To go up the stairs*
Descendre les escaliers	*To go down the stairs*
L'ascenseur	*The elevator*

CHAPITRE 6

Un étage	*A floor (level of the building)*
Le premier étage	*The second floor*
Le rez-de-chaussée	*The ground floor*
Le jardin	*The backyard*
La terrasse	*The terrace, the patio*
Le balcon	*The balcony*
Le propriétaire	*The owner, the landlord*
Un bail	*A lease*
La colocation	*House-share, apartment-share*
Louer	*To rent*
Le loyer	*The rent*
Déménager	*To move out, to change houses*
Emménager	*To move in*
Pendre la crémaillère	*To hold a house-warming party*
Une pendaison de crémaillère, une crémaillère	*A house-warming party*

 Exercice 6.1.1/Exercise 6.1.1

Associez./Match.

1) Your bedroom
2) His dining room
3) Their lease
4) The stairs
5) To move out
6) The wall
7) The attic
8) The entrance hall
9) The bathroom
10) The first floor
11) The basement
12) Our housewarming party

a) Leur bail
b) L'entrée
c) Le rez-de-chaussée
d) Notre pendaison de crémaillère
e) La salle de bain
f) Ta chambre
g) Le sous-sol
h) Les escaliers
i) Déménager
j) Le grenier
k) Son salon
l) Le mur

Exercice 6.1.2/Exercise 6.1.2

Traduisez en français./Translate to French.

1) We are going to move in next week.

2) There are four rooms in this apartment: two bedrooms, a living room, and a kitchen.

3) The walls of my bedroom are white, and the floor of my bathroom is blue.

4) Are you (pl.) going to Rachel and Leah's housewarming party?

5) Her house has two floors, an attic under the roof, and a cellar in the basement.

6) His dog doesn't like going up the stairs.

7) I am jealous because my neighbor has a big balcony.

8) Excuse-me, where is the restroom?

Exercice 6.1.3/Exercise 6.1.3

Décrivez votre maison, ou votre appartement!/Describe your house or your apartment!

CHAPITRE 6

RUBRIQUE 2/SECTION 2

 Lecture 6.1/Reading 6.1

Déménager

Lisez le dialogue suivant et répondez aux questions avec des phrases complètes./Read the following dialogue and answer the comprehension questions with complete sentences.

Rachel: Qu'est-ce que tu penses de notre appartement?

Leah: Il est très bien! Pourquoi?

Rachel: Parce que j'ai vu un appartement à louer dans un autre immeuble, et je crois qu'il est mieux...

Leah: Ah bon? Il est plus grand?

Rachel: Oui, il y a trois chambres, au lieu de (instead of) deux. Et une salle à manger. Et la salle de bain est immense, il y a même une baignoire!

Leah: Je ne sais pas si on a besoin de trois chambres, Rachel… Et nous avons une petite table pour manger dans la cuisine, c'est pratique!

Rachel: Ok, mais dans cet autre appartement, il y a un grand balcon, qui donne sur le parc! On peut mettre une table et des chaises, et prendre le petit-déjeuner ou l'apéro dehors! C'est chouette, non?

Leah: Oui, c'est vrai que ça me plaît, avoir un balcon. Mais est-ce que l'appartement est en bon état? Comment est la peinture sur les murs? Est-ce que le plancher est neuf?

Rachel: Tout est moderne! Le propriétaire a refait tout l'appartement l'année dernière. Maintenant, il cherche des locataires. Alors? Je l'appelle?

Leah: J'ai besoin de plus de temps pour réfléchir… Et puis, normalement, notre bail se finit en juin, je ne sais pas si c'est possible de partir avant...

Rachel: Le loyer est deux fois moins cher que notre loyer maintenant.

Leah: Appelle le propriétaire, on déménage.

 Exercice 6.2.4/Exercise 6.2.4

1) Pourquoi est-ce que l'autre appartement est plus grand?

_____

_____

2) Quelles questions est-ce que Leah pose à Rachel?

_____

_____

3) Comment est-ce que Rachel convainc (convinces) Leah?

_____

_____

RUBRIQUE 3/SECTION 3

Grammaire 6.1/Grammar 6.1

Passé Composé Ou Imparfait?/"Passé Composé" Or Imperfect?

Knowing when to use the imperfect or the *passé composé* is often difficult for non-native speakers, and it will most likely take you some time. In general, a good thing to keep in mind is that the imperfect is used to describe the **background**, to set the scene, while the *passé composé* is used to talk about singular, punctual actions: the **foreground**.

Let's take a more precise look at each tense:

- The imperfect is used to express an ongoing event, a habit, an action that takes time. It is the tense used for description, commentary and explanation, and often to talk about one's feelings, desires and opinions.

Quand j'avais 12 ans, j'allais au collège. When I was 12, I was going to middle school.

Il faisait très beau hier. The weather was very nice yesterday.

Je voulais être ingénieur. I wanted to be an engineer.

- The *passé composé* is used to express completed actions in the past, actions that take a short time, or happened once. It is the tense used for a succession of events, or an action that interrupts the routine, the norm.

Quand j'avais 12 ans, je me suis cassé le bras. When I was 12, I broke my arm.

Il faisait beau, alors je suis sorti. The weather was nice so I went out.

J'ai fait la lessive, j'ai passé l'aspirateur, et j'ai nettoyé la salle de bain. I did the laundry, I vacuumed, and I cleaned the bathroom.

CHAPITRE 6

Exercice 6.3.5/Exercise 6.3.5

Mettez ces phrases au passé, en utilisant l'imparfait ou le passé composé./Put these sentences in the past tense, using the imperfect or the passé composé.

1) Il est minuit, mais Leah ne dort pas: elle étudie.

2) Tout à coup, le téléphone sonne. Rachel se dépêche de répondre.

3) Tous les matins, Hugo se réveille à 6 heures. Mais cette fois, il se réveille en retard.

4) J'ai 18 ans. J'ai les cheveux longs, et je suis en forme.

5) Quand le docteur arrive, le malade tousse, et il a beaucoup de fièvre.

6) Nous allons à la plage tous les étés.

7) Sophie aime faire du sport, mais elle se casse la jambe.

8) Béatrice veut prendre l'air. Malheureusement, il fait trop froid.

9) Ce matin, je vais au supermarché, je fais mes courses, je range la nourriture dans le frigo.

10) D'habitude, il mange du pain et de la confiture, mais ce dimanche, il mange un croissant.

Exercice 6.3.6/Exercise 6.3.6

Traduisez cette histoire en français. Utilisez votre dictionnaire!/Translate this story to French. Use your dictionary!

It was a Friday night, I was with my friend Louise. Usually on Fridays we went out to a bar downtown, but it was raining, so we stayed in the house. We were in the living room alone.

We were watching the television, everything was quiet. Suddenly, we heard a noise in the basement. We looked at each other. We were scared, and we couldn't hide our fear. I took a flashlight, and Louise took the broom. We looked at the bottom of the stairs. My heart was beating fast. Louise was holding the broom tight in one hand. My fingers were shaking a little bit. Something moved! I yelled. The broom fell on the floor. And then we realized it was simply the neighbor's cat. This cat did not like the rain and was hiding in our basement.

Exercice 6.3.7/Exercise 6.3.7

En utilisant le passé composé et l'imparfait, décrivez votre dernier weekend./Using both passé composé and imperfect, describe your last weekend.

CHAPITRE 6

RUBRIQUE 4/SECTION 4

Lecture 6.2/Reading 6.2

J'ai Visité Lyon, C'Était Un Beau Voyage

Lisez le texte suivant et répondez aux questions avec des phrases complètes./Read the following text and answer the comprehension questions with complete sentences.

La semaine dernière, je suis allé à Lyon, une ville dans le centre de la France. C'était un beau voyage, même s'il était court! Mardi matin, je suis allé à la gare de Lyon à Paris, en métro. J'ai acheté un billet aller-retour au guichet et je suis monté dans le train. Il y avait beaucoup de gens dans le train. Quand je suis arrivé à Lyon, j'ai choisi un café pour prendre mon petit-déjeuner. Pendant que je mangeais, j'ai rencontré une habitante de Lyon. Nous avons parlé. Elle était gentille, et elle avait beaucoup de conseils! Ensuite, j'ai appelé un taxi pour aller à mon hôtel. Le conducteur de taxi m'a dit que Lyon était une très belle ville, très agréable à visiter, et qu'il y avait des lignes de métro et de bus si je voulais prendre les transports en commun. Il faisait beau, alors je me suis promené dans le quartier de la Croix-Rousse. J'ai mangé une salade lyonnaise pour le déjeuner. J'ai passé l'après-midi dans le musée des Beaux-Arts. Mardi soir, j'ai rencontré d'autres touristes au restaurant, et nous avons discuté pendant plusieurs heures. Ils m'ont posé beaucoup de questions sur ma vie: comment est-ce que je m'appelais, où est-ce que je travaillais, dans quel quartier de Paris est-ce que j'habitais... Je me suis couché tôt, et je me suis réveillé à 8 heures mercredi. Il pleuvait, alors j'ai visité la cathédrale, et les ruines romaines, et après j'ai dû trouver la gare pour prendre mon train. Dans le train, mon ami m'a appelé au téléphone, et je lui ai raconté mon voyage. J'étais triste de partir!

Exercice 6.4.8/Exercise 6.4.8

1) Comment était l'habitante de Lyon que j'ai rencontrée au café?

_____
_____

2) Qu'est-ce que le conducteur de taxi m'a dit?

_____
_____

3) Quel temps faisait-il mardi? Quel temps faisait-il mercredi?

_____
_____

CHAPITRE 6

RUBRIQUE 3/SECTION 3

 Grammaire 6.2/Grammar 6.2

"Chez" Et Les Pronoms Toniques/"Chez" & Tonic Pronouns

Chez is a preposition used to talk about someone's house/place/home, or someone's store.

      Je vais chez le docteur. I go to the doctor.

      Viens chez moi! Come to my place!

      Je vais à la boucherie. I go to the butcher's shop.

      Je vais chez le boucher. I go to the butcher (shop).

The preposition *chez* can be used with another preposition of place, like *à côté de, près de, loin de, devant,* etc.

      Il y a un parc près de chez moi. There is a park near my house.

      C'est à côté de chez vous? Is it next to your place?

It is used with the tonic pronouns in French.

	1ère personne	2ème personne	3ème personne
Singulier	moi	toi	lui (m.), elle (f.), soi (neutral)
Pluriel	nous	vous	eux (m.), elles (f.)

Tonic pronouns are also used with other prepositions, in comparaisons, after *et, ou,* or *c'est* and to put emphasis on a noun or a pronoun.

      Les enfants marchent à côté de moi. The children walk next to me.

      Moi, j'aime pas le café. (Me,) I don't like coffee.

      C'est toi? Is that you?

      Il est moins intelligent que vous. He is less intelligent than you.

 Exercice 6.5.9/Exercise 6.5.9

Remplissez les trous avec le pronom tonique qui convient./Fill in the blanks with the appropriate tonic pronoun.

1) Tu aimes le thé? _____, je préfère le café. (1st person singular)

2) Ton chien est plus paresseux que _____. (2nd person singular)

CHAPITRE 6

3) J'adore les enfants. Je passe beaucoup de temps avec _____. (3rd person plural m.)

4) Mes sœurs seront en ville demain, j'irai me promener avec _____. (3rd person plural f.)

5) Son copain habite loin. Il va souvent chez _____. (3rd person singular m.)

6) Quand est-ce que vous rentrez chez _____? (2nd person plural)

7) Tu es aussi sympa qu'_____. (3rd person singular f.)

8) C'est _____ qui avons gagné le match! (1st person plural)

Exercice 6.5.10/Exercise 6.5.10

Remplissez les trous avec le pronom tonique qui convient./Fill in the blanks with the appropriate tonic pronoun.

1) Leah: Tu as acheté un cadeau pour ton cousin?

   Rachel: Oui, j'ai acheté un cadeau pour _____.

2) Leah: Est-ce que j'ai oublié mon livre chez Martha et Antoine?

   Rachel: Oui, tu l'as oublié chez _____.

3) Rachel: Quand tu étais petite, tu allais souvent chez ta tante?

   Leah: Non, je n'allais pas souvent chez _____.

4) Rachel (au téléphone): Allô? C'est toi Leah?

   Leah (au téléphone): Oui, c'est _____!

5) Leah: Oh, est-ce que ce gâteau est pour moi?

   Rachel: Non, il n'est pas pour _____, il est pour ma sœur, désolée.

6) Leah: Je suis fatiguée… On rentre?

   Rachel: Oui, rentrons chez _____.

7) Leah: Passez une bonne journée, madame!

   La bibliothécaire: Merci mademoiselle, _____ aussi!

8) Rachel: Tu connais Élisabeth et Béatrice?

   Leah: Oui, je suis un cours avec _____ à l'université.

Exercice 6.5.11/Exercise 6.5.11

Traduisez en français./Translate to French.

1) It's not you, it's me.

2) My friend Hugo is nice, I love talking with him.

3) We were sick last week, so we had to go to the doctor.

4) Are you (sing.) home?

5) Her neighbor and her, they (f.) go on walks in the park.

6) My brothers have more cats than me, but I have more books than them.

7) Yesterday, Leah went to the library. Then she went to the baker's shop.

8) Have you (pl.) seen this movie? Me too.

9) Our family lives near our place.

10) Can I come with you (pl.)?

RUBRIQUE 7/SECTION 7

Rola Réponse Rapide

Rola Réponse Rapide/Rola Rapid Response

In this section, you will work on putting the things that you have learned together.

CHAPITRE 6

RRR Exercice 1/RRR Exercise 1

Choisissez l'imparfait ou le passé composé./Choose the imperfect or the passé composé.

Je suis allé	OR j'allais	au parc	aujourd'hui
Tu es allé	OR tu allais	chez le docteur	hier
Elle est allée	OR elle allait	au bureau de tabac	la semaine dernière
Nous sommes allés	OR nous allions	à l'école	tous les jours
Vous êtes allés	OR vous alliez	à la boulangerie	très souvent
Ils sont allés	OR ils allaient	faire du ski	tous les hivers

1) You (sing.) went to the doctor last week.

   _____

2) She didn't go to the tobacco shop today.

   _____

3) I went to the park every day.

   _____

4) They went to school today.

   _____

5) I didn't go to the bakery yesterday.

   _____

6) You (pl.) went to the bakery every winter.

   _____

7) You (pl.) didn't go to the park today.

   _____

8) We didn't go to the doctor very often.

   _____

9) They went to the tobacco shop every day.

   _____

10) She went skiing every winter.

    _____

11) We went skiing last week.

_____

12) You (sing.) didn't go to school very often.

_____

 RRR Exercice 2/RRR Exercise 2

Traduisez en français./Translate to French.

Je	suis allé	chez	moi
Tu	es allé	chez	toi
Nous	sommes allés	chez	nous
Vous	êtes allés	chez	vous

1) You (sing.) went home.

_____

2) We didn't go to my place.

_____

3) You (pl.) didn't go home.

_____

4) We went home.

_____

5) I didn't go to your (sing.) place.

_____

6) You (pl.) went to my place.

_____

7) You (sing.) didn't go to our place.

_____

8) I went to your (pl.) place.

_____

CHAPITRE 6

L'homme	restait	chez	lui
La femme	restait	chez	elle
Les garçons	restaient	chez	eux
Les filles	restaient	chez	elles

9) The woman stayed home.

_____

10) The boys stayed at their (f.) place.

_____

11) The man didn't stay home.

_____

12) The girls stayed at his place.

_____

13) The boys didn't stay home.

_____

14) The girls didn't stay at her place.

_____

15) The man stayed at their (m.) place.

_____

16) The woman didn't stay at their (f.) place.

_____

RRR Exercice 3/RRR Exercise 3

Traduisez en français./Translate to French.

1) There were five rooms in our house.

_____

2) My bedroom has two windows, and I close the shutters every evening.

_____

3) Look at the ceiling! It's very dirty!

_____

4) There is a hallway between the kitchen and the dining room.

_____

5) Every afternoon, they (m.) sat in the living room and read.

_____

6) You have to go up the stairs to find the attic. It's under the roof.

_____

7) Her backyard is beautiful; she has a patio too, with a table and chairs.

_____

8) My landlord is mean. He always talks to me about the rent.

_____

9) You moved out last year, and you moved into a house in the countryside.

_____

10) He lives on the 10th floor, but thankfully, there is an elevator.

_____

GRILLE DE RÉPONSES/ ANSWER KEY

Chapitre 1/Chapter 1

Exercice 1.1.1
1) d.
2) i.
3) j.
4) k.
5) a.
6) h.
7) c.
8) f.
9) e.
10) l.
11) g.
12) b.

Exercice 1.1.2
1) La France est près de l'Espagne, l'Italie et l'Allemagne.
2) L'Asie est un continent.
3) Combien de continents est-ce qu'il y a dans le monde?
4) La terre a beaucoup d'océans.
5) La mer Méditerranée est entre l'Europe, l'Afrique et l'Asie.
6) Il y a un grand océan entre l'Amérique du Nord et l'Europe.
7) Le Maroc, le Mali et l'Égypte sont des pays de l'Afrique.
8) L'Argentine, le Chili et le Brésil sont des pays de l'Amérique du Sud.

Exercice 1.1.3
1) Le
2) L'
3) La
4) La
5) Le
6) Les
7) La
8) La
9) Le
10) Le

Exercice 1.2.4
1) Paul vient d'Orléans, au Sud-Ouest de Paris, en France. Anne vient de la Nouvelle-Orléans, dans le Sud-Ouest des États-Unis.
2) La mère d'Anne vient des États-Unis et son père vient de Belgique. Elle parle français et anglais.
3) Les grands-parents de Paul viennent d'Espagne. Il ne parle pas espagnol.

Exercice 1.3.5
1) Tu viens d'Espagne.
2) Il vient d'Argentine.
3) Elles viennent de Russie.
4) Vous ne venez pas du Chili.
5) Elle ne vient pas des États-Unis.
6) Nous ne venons pas du Japon.
7) Je viens d'Europe.
8) Ils viennent d'Asie.

Exercice 1.3.6
1) Nous sommes en France.
2) Elles sont au Pérou.
3) Je suis en Belgique.
4) Il est en Suisse.
5) Il n'est pas aux États-Unis.
6) Elle n'est pas à Madrid.
7) Vous allez au Canada.
8) Elle va en Italie.
9) Ils vont au Maroc.
10) Nous allons aller au Mexique.
11) Ils vont habiter à Chicago.
12) Vous n'allez pas habiter en Amérique du Sud.

Exercice 1.3.7
Answers will vary.

Exercice 1.4.8
1) k.
2) g.
3) h.
4) j.
5) l.
6) b.

7) i.
8) f.
9) e.
10) c.
11) d.
12) a.

Exercice 1.4.9
1) En haut de la montagne, nous pouvons voir l'océan.
2) Ma maison est au centre de la ville.
3) J'habite loin de la bibliothèque.
4) Le nez est entre les yeux.
5) L'Espagne est au-dessous de la France et à côté du Portugal.
6) En bas de la rue, il y a un beau parc.
7) À l'intérieur de ma maison, il fait chaud. A l'extérieur, il fait froid.
8) La plante est sur la table.
9) La poubelle est sous le bureau.
10) Regarde! Il y a un chien à côté de ton chat.

Exercice 1.4.10
Answers will vary.

Exercice 1.5.11
1) Le Québec partage une frontière avec les États-Unis.
2) Les grandes villes de cette province sont situées à côté du fleuve Saint-Laurent.
3) Au milieu du Québec, il y a beaucoup de montagnes, et des parcs naturels magnifiques.

RRR Exercice 1
1) Je viens d'Europe.
2) Elles viennent du Mali.
3) Tu ne viens pas des États-Unis.
4) Il ne vient pas du Sud de la France.
5) Nous venons de Chine.
6) Tu viens de Tunisie.
7) Je ne viens pas de Tunisie.
8) Vous venez du Sud de la France.
9) Elles ne viennent pas de Chine.
10) Tu viens des États-Unis.
11) Nous ne venons pas d'Europe.
12) Vous ne venez pas du Mali.

RRR Exercice 2
1) J'habite au Portugal.
2) Je ne vais pas à Berlin.
3) Je suis en Iran.
4) Je ne pars pas d'Australie.
5) Je vais en Iran.
6) Je n'habite pas en Australie.
7) Je pars de Berlin.
8) Je ne suis pas au Portugal.

RRR Exercice 3
1) L'ordinateur est devant la porte.
2) Nous sommes à côté de la plage.
3) La rivière n'est pas au nord.
4) Les livres ne sont pas devant la porte.
5) L'arbre est à l'extérieur du magasin.
6) Nous ne sommes pas dans la maison.
7) Vous n'êtes pas à l'extérieur du magasin.
8) L'ordinateur n'est pas sur la table.
9) Les livres sont sur la table.
10) L'arbre n'est pas au nord.
11) La rivière est à côté de la plage.
12) Vous êtes dans la maison.

Chapitre 2/Chapter 2

Exercice 2.1.1
1) d.
2) f.
3) h.
4) j.
5) l.
6) k.
7) i.
8) b.
9) e.
10) a.
11) g.
12) c.

Exercice 2.1.2
1) Amusez-vous
2) part arrive
3) baigne-toi
4) faisons un pique-nique
5) Prends une photo!
6) visitent
7) Détendez-vous
8) bronze

Exercice 2.1.3
Answers will vary.

Exercice 2.2.4
1) je serai - tu seras - il sera - nous serons -

vous serez - elles seront
2) j'aurai - tu auras - elle aura - nous aurons - vous aurez - ils auront
3) je ferai - tu feras - il fera - nous ferons - vous ferez - elles feront
4) je pourrai - tu pourras - elle pourra - nous pourrons - vous pourrez - ils pourront
5) je saurai - tu sauras - il saura - nous saurons - vous saurez - elles sauront
6) je devrai - tu devras - elle devra - nous devrons - vous devrez - ils devront
7) j'irai - tu iras - il ira - nous irons - vous irez - elles iront
8) je voudrai - tu voudras - elle voudra - nous voudrons - vous voudrez - ils voudront

Exercice 2.2.5
1) irons habiterons
2) fera feront
3) vous amuserez serez
4) seront devront
5) aura pourra
6) mangeras boiras
7) partirai
8) dînerons parlerons
9) viendront
10) voyageras

Exercice 2.2.6
Answers will vary.

Exercice 2.3.7
1) Au Caire, nous visiterons les Pyramides et le musée d'histoire et d'archéologie. Nous nous promènerons dans les rues et le souk. Nous goûterons la cuisine égyptienne.
2) Béatrice apportera de la crème solaire et des lunettes de soleil dans sa valise.
3) Hugo achètera les vols parce qu'il trouve toujours les meilleurs prix, et Sophie achètera les chambres d'hôtel parce qu'elle est très organisée.

Exercice 2.4.8
1) Je vais aller. J'irai.
2) Tu vas chanter. Tu chanteras.
3) Elle va choisir. Elle choisira.
4) Il va faire la vaisselle. Il fera la vaisselle.
5) Nous allons savoir. Nous saurons. OR: Nous allons connaître. Nous connaîtrons.
6) Vous allez venir. Vous viendrez.
7) Ils vont se détendre. Ils se détendront.
8) Elles vont voir le monde. Elles verront le monde.

Exercice 2.4.9
1) Il va pleuvoir
2) serai
3) va avoir
4) serons aurons
5) vais acheter
6) va célébrer
7) va prendre
8) vas manger
9) survivra
10) feras

Exercice 2.4.10
1) Faisons un pique-nique! Je vais acheter du pain et du fromage, et tu amèneras des fruits.
2) Un jour, je retournerai en Palestine.
3) Les étudiants vont étudier pour l'examen: ils vont se lever à 7 heures du matin.
4) Dans 10 ans, elle sera plus forte que sa sœur.
5) Où est-ce que tu iras l'année prochaine?
6) Ce soir, ils/elles vont regarder la télévision et manger de la pizza.

Exercice 2.5.11
1) Demain, Leah va réserver une place dans le camping.
2) Rachel va acheter une tonne de crème solaire pour Leah, parce que Leah veut s'allonger sur sa serviette, lire, et bronzer.
3) Rachel va nager, jouer au ballon ou à des jeux de société, et elle va prendre des photos.

RRR Exercice 1
1) Je ferai la vaisselle.
2) Nous ne ferons pas de promenade.
3) Vous ne ferez pas le ménage.
4) Tu feras tes valises.
5) Nous ferons un pique-nique.
6) Elles feront le ménage.
7) Je ne ferai pas de pique-nique.
8) Il fera une promenade.
9) Tu ne feras pas la vaisselle.
10) Nous ne ferons pas nos valises.
11) Elles ne feront pas les courses.
12) Vous ferez les courses.

RRR Exercice 2
1) Vous irez en Algérie.
2) Tu n'iras pas aux États-Unis.
3) Ils iront en France.
4) J'irai à Montréal.

5) Nous n'irons pas au Japon.
6) Elle ira en Argentine.
7) Vous n'irez pas à Montréal.
8) Ils n'iront pas en Argentine.
9) Nous irons aux États-Unis.
10) Je n'irai pas en France.
11) Elle n'ira pas en Algérie.
12) Tu iras au Japon.

RRR Exercice 3
1) tu aimeras - tu vas aimer
2) vous pourrez - vous allez pouvoir
3) ils choisiront - ils vont choisir
4) il partira - il va partir
5) nous devrons - nous allons devoir
6) je prendrai - je vais prendre
7) elles mettront - elles vont mettre
8) elle travaillera - elle va travailler
9) je lirai - je vais lire
10) tu croiras - tu vas croire
11) on pensera - on va penser

RRR Exercice 4
1) Est-ce que tu veux aller à la montagne, à la campagne, ou à la mer?
2) Cet hiver, nous prendrons le train pour aller à une station de ski.
3) Mes ami/e/s vont danser dans une boite de nuit ce soir, mais je vais rester dans l'hôtel.
4) Nous devons trouver un/une guide!
5) Mon vol part à 4 heures et demi de l'après-midi, et arrive à 8 heures du matin.
6) Elle devra louer une voiture.
7) Est-ce que vous allez réserver une chambre d'hôtel demain?
8) Quand il part en vacances, il prend toujours beaucoup de photos du paysage.
9) N'oublie pas ta crème solaire!
10) Ces enfants voyagent souvent, alors ils ont plus de sacs à dos et de valises que leurs parents.

Chapitre 3/Chapter 3

Exercice 3.1.1
1) c.
2) i.
3) f.
4) a.
5) h.
6) b.
7) e.
8) j.
9) d.
10) g.

Exercice 3.1.2
1) La mosquée est devant le passage piéton.
2) Cet immeuble est plus grand que ce centre commercial.
3) J'aime mon quartier, mais il est loin du centre-ville.
4) Paris est la capitale de la France.
5) C'est une rue piétonne: les voitures ne peuvent pas être dans cette rue.
6) Le musée est derrière le supermarché.
7) Il va habiter dans la banlieue l'année prochaine.
8) Les enfants doivent marcher sur le trottoir!

Exercice 3.1.3
Answers will vary.

Exercice 3.2.4
1) Le samedi, il y a un grand marché sur la place du village.
2) Il y a deux magasins dans le village: une boulangerie, et un bureau de tabac.
3) Parfois, mon grand-père s'assoit sur le banc, dans le parc, pour discuter avec ses voisins.

Exercice 3.3.5
1) d.
2) g.
3) a.
4) c.
5) f.
6) b.
7) e.

Exercice 3.3.6
1) quelqu'un
2) rien
3) tout le monde
4) on on
5) quelque chose
6) rien
7) personne
8) tout

Exercice 3.3.7
1) Personne ne connaît mes parents.
2) Tout est parfait.
3) Il n'y a personne dans le magasin.
4) Est-ce que tu connais quelqu'un avec les cheveux blonds?

5) Rien n'est plus important que l'amour.
6) Elle lit quelque chose d'intéressant.
7) Il n'y a rien de drôle dans ce livre.
8) Tout le monde sait faire la vaisselle.

Exercice 3.4.8
1) Leah veut parler à Rachel parce qu'elle a besoin de conseils. Elle veut aller se promener mais elle ne sait pas quel est le meilleur quartier.
2) Selon Rachel, dans le quartier chinois, il y a des bâtiments très beaux et des restaurants très bons.
3) Leah propose à Rachel de venir avec elle au parc demain, parce que Rachel a l'air de beaucoup aimer ce parc.

Exercice 3.5.9
1) tous
2) toutes
3) tout
4) toute
5) toutes
6) tous
7) toute
8) tous
9) tout
10) toute

Exercice 3.5.10
1) Tous les jours
2) Toute la journée
3) Tous les matins
4) Toute la matinée
5) Tous les ans
6) Toute l'année
7) Tous les soirs
8) Toute la soirée
9) Toutes les nuits
10) Toute la nuit
11) Je travaille toutes les semaines.
12) Il veut être riche à tout prix.
13) Je vais à la bibliothèque tous les week-ends.
14) Vous pouvez trouver l'amour à tout âge.
15) Ils/elles conduisent à toute vitesse.
16) Est-ce que tu connais Hugo, à tout hasard?
17) Nous allons en Russie tous les ans, et nous restons à Moscou tout l'été.

Exercice 3.5.11
Answers will vary.

RRR Exercice 1
1) On n'est pas dans la rue piétonne.
2) Rien n'est beau dans le quartier.
3) Personne ne va au supermarché.
4) Quelqu'un est ici.
5) Tout le monde va sur la grande place.
6) Personne ne se promène sur la grande place.
7) Tout est beau dans le centre-ville.
8) Rien n'est cher au supermarché.
9) On veut aller dans le centre-ville.
10) Quelqu'un se promène dans la rue piétonne.
11) Tout est cher dans le quartier.
12) Tout le monde veut aller ici.

RRR Exercice 2
1) Est-ce que vous avez le temps, à tout hasard?
2) Je ne veux pas marcher de toute façon.
3) Les chats aiment les siestes en toute saison.
4) Elle parle à toute vitesse.
5) Les ados veulent aller au parc à tout prix.
6) On peut s'amuser à tout âge.

RRR Exercice 3
1) Elle achète quelque chose de surprenant pour l'anniversaire de sa fille.
2) On ne peut pas travailler quand on a moins de 18 ans.
3) Il n'y a personne au supermarché le vendredi soir.
4) Tout le monde pense que c'est mieux d'habiter dans une grande ville.
5) Le week-end je ne travaille pas, je ne fais rien pendant toute la journée.

RRR Exercice 4
1) d.
2) i.
3) f.
4) g.
5) a.
6) h.
7) j.
8) c.
9) b.
10) e.

RRR Exercice 5
1) À Paris, il y a des églises, des temples, des mosquées et des synagogues.
2) Mon père travaille dans un musée à Paris.
3) Elle ira au centre commercial demain, elle

doit faire des courses.
4) Pour se marier, on doit aller à la mairie, dans le centre-ville.
5) Les plus grands immeubles sont dans les banlieues.
6) Nous marcherons sur le trottoir et sur le passage piéton, mais pas dans la rue.
7) Il y a un marché dans mon quartier tous les samedis.
8) Entre deux rues piétonnes, il y a une grande, belle place. Tout le monde l'aime!
9) Il y a plus de bancs publics dans le parc qu'à côté de ce magasin.
10) Ma grand-mère va acheter des cigarettes au bureau de tabac.

Chapitre 4/Chapter 4

Exercice 4.1.1
1) g.
2) d.
3) h.
4) j.
5) l.
6) i.
7) c.
8) e.
9) a.
10) k.
11) f.
12) b.

Exercice 4.1.2
1) Je devrai acheter des tickets de métro l'année prochaine.
2) Son vol est en retard, elle sera dans l'aéroport pendant trois heures.
3) Mes ami/e/s veulent aller à Berlin en train, alors ils cherchent les horaires à la gare.
4) J'aime conduire sur l'autoroute parce que tout le monde va vite, mais je n'aime pas les camions.
5) Mon fils a un vélo, et ma fille a une moto.
6) C'est votre arrêt de bus.
7) Se garer à Paris est très difficile. Il n'y a pas de places de parking.
8) Le départ est à 14 heures. L'arrivée est à 17 heures.
9) Aller en car est moins cher qu'aller en avion.
10) Les passagers attendent sur le quai.

Exercice 4.1.3
Answers will vary.

Exercice 4.2.4
1) Leah et Rachel habitent dans le sud de Paris. L'université de Leah est à Nanterre, dans la banlieue nord-ouest de Paris.
2) Selon Rachel, Leah peut acheter un pass Navigo, parce qu'elle peut avoir accès à tous les transports en commun à Paris, et il y a un prix spécial pour les étudiants, donc c'est moins cher.
3) C'est difficile d'avoir une voiture à Paris parce qu'il n'y a jamais de places de parking, les rues sont très étroites, et il y a beaucoup d'embouteillages.

Exercice 4.3.5
1) je suis allé - tu es allé - il est allé - nous sommes allés - vous êtes allés - ils sont allés
2) j'ai fait - tu as fait - elle a fait - nous avons fait - vous avez fait - elles ont fait
3) j'ai pris - tu as pris - elle a pris - nous avons pris - vous avez pris - ils ont pris
4) j'ai voulu - tu as voulu - il a voulu - nous avons voulu - vous avez voulu - elles ont voulu
5) j'ai mangé - tu as mangé - elle a mangé - nous avons mangé - vous avez mangé - elles ont mangé
6) j'ai choisi - tu as choisi - il a choisi - nous avons choisi - vous avez choisi - ils ont choisi
7) j'ai bu - tu as bu - elle a bu - nous avons bu - vous avez bu - ils ont bu
8) j'ai eu - tu as eu - il a eu - nous avons eu - vous avez eu - elles ont eu

Exercice 4.3.6
1) a
2) sont
3) ai
4) avons
5) est
6) suis
7) as
8) avez
9) ont
10) a

Exercice 4.3.7
Answers will vary.

Exercice 4.4.8
1) Je lui pose une question.
2) Je lui chante une chanson.
3) Je leur téléphone.
4) Je lui obéis.
5) Je lui réponds.

6) Je leur donne un livre.
7) Je lui fais un cadeau.
8) Je leur écris une lettre.
9) Ma cuisine leur plaît.
10) Je lui parle.

Exercice 4.4.9
1) Je lui téléphone.
2) Je leur téléphone.
3) Je vous téléphone.
4) Je te téléphone.
5) Je leur téléphone.
6) Elle lui répond.
7) Elle nous répond.
8) Elle me répond.
9) Elle leur répond.
10) Elle te répond.
11) Nous leur obéissons.
12) Vous lui obéissez.
13) Je lui obéis.
14) Vous nous obéissez.
15) Ils m'obéissent.
16) Je vous obéis.
17) Il lui obéis.
18) Elles m'obéissent.
19) L'acteur te plait.
20) Le dentiste lui plait.

Exercice 4.4.10
1) lui
2) me
3) leur
4) vous
5) t'
6) me
7) nous
8) t'
9) nous
10) lui

Exercice 4.5.11
1) Je suis allé à Lyon en train. Je suis allé à l'hôtel en taxi.
2) Mardi, pour le petit-déjeuner, j'ai mangé un croissant et j'ai bu un expresso. Pour le déjeuner mercredi, j'ai mangé une salade lyonnaise.
3) Au café, j'ai rencontré une habitante de Lyon. Au restaurant, j'ai rencontré d'autres touristes.

RRR Exercice 1
1) Je suis allé à Dublin en train.
2) Ils ne sont pas allés en Allemagne en voiture.
3) Nous ne sommes pas allés au Pérou en moto.
4) Tu es allé au Canada en voiture.
5) Tu n'es pas allé en Nouvelle-Zélande en train.
6) Ils sont allés au Pérou en avion.
7) Elle n'est pas allée à San Francisco en bateau.
8) Nous sommes allés en Allemagne en moto.
9) Vous n'êtes pas allés à Dublin en bus.
10) Je ne suis pas allé au Canada en bateau.
11) Elle est allée en Nouvelle-Zélande en avion.
12) Vous êtes allés à San Francisco en bus.

RRR Exercice 2
1) Tu as fait tes devoirs.
2) Elles ont fait le ménage.
3) Il n'a pas fait de promenade.
4) Nous avons fait la lessive.
5) Tu n'as pas fait la vaisselle.
6) Je n'ai pas fait mes devoirs.
7) Vous n'avez pas fait la vaisselle.
8) Il a fait la lessive.
9) J'ai fait les courses.
10) Nous n'avons pas fait de promenade.
11) Elles n'ont pas fait les courses.
12) Vous n'avez pas fait le ménage.

RRR Exercice 3
1) Vous m'avez parlé hier.
2) Elle leur a parlé la semaine dernière.
3) Je ne lui ai pas parlé mardi.
4) Nous vous avons parlé il y a deux ans.
5) Elle ne nous a pas parlé il y a longtemps.
6) Ils ne t'ont pas parlé ce matin.
7) Tu lui as parlé il y a deux ans.
8) Nous ne leur avons pas parlé hier.
9) Ils vous ont parlé ce matin.
10) Vous ne nous avez pas parlé la semaine dernière.
11) Tu ne m'as pas parlé il y a longtemps.
12) Je t'ai parlé mardi.

RRR Exercice 4
1) j'ai - j'aurai - j'ai eu
2) tu es - tu seras - tu as été
3) il va - il ira - il est allé
4) elle fait - elle fera - elle a fait
5) nous prenons - nous prendrons - nous avons pris

6) vous mettez - vous mettrez - vous avez mis
7) ils aiment - ils aimeront - ils ont aimé
8) elles peuvent - elles pourront - elles ont pu

Chapitre 5/Chapter 5

Exercice 5.1.1
1) e.
2) d.
3) g.
4) j.
5) h.
6) b.
7) i.
8) a.
9) f.
10) c.

Exercice 5.1.2
1) L'école maternelle
2) L'école primaire
3) Le collège
4) Le lycée
5) L'université

Exercice 5.1.3
1) J'aime les mathématiques mais je déteste les langues.
2) Les professeurs n'ont pas toujours raison.
3) Elle étudiera l'économie.
4) Il n'y a pas de récréation à l'université.
5) La physique est une matière difficile.
6) Est-ce que tu es bon/bonne en géographie?
7) Il y a plus d'étudiants dans le cours d'art que dans le cours d'histoire.
8) Elle a quitté l'école parce qu'elle a raté son examen.

Exercice 5.2.4
1) Mme Valéry est journaliste. Annie veut être pompier, ou archéologue, ou experte des dinosaures.
2) Mme Valéry a passé le bac, ensuite elle a fait une licence de journalisme à l'université, et elle est entrée dans un master de journalisme, pour deux ans.
3) Il y a des tableaux, des gommes, des crayons et de la craie. Il y a des récréations. La maîtresse est gentille. Annie a ses copains et copines dans la salle de classe.

Exercice 5.3.5
1) j'étais - tu étais - il était - nous étions - vous étiez - elles étaient
2) j'avais - tu avais - elle avait - nous avions - vous aviez - ils avaient
3) je prenais - tu prenais - il prenait - nous prenions - vous preniez - elles prenaient
4) je faisais - tu faisais - elle faisait - nous faisions - vous faisiez - ils faisaient
5) j'allais - tu allais - il allait - nous allions - vous alliez - elles allaient
6) je donnais - tu donnais - elle donnait - nous donnions - vous donniez - ils donnaient
7) je choisissais - tu choisissais - il choisissait - nous choisissions - vous choisissez - elles choisissaient
8) je pouvais - tu pouvais - elle pouvait - nous pouvions - vous pouviez - ils pouvaient
9) je connaissais - tu connaissais - il connaissait - nous connaissions - vous connaissiez - elles connaissaient
10) je voulais - tu voulais - elle voulait - nous voulions - vous vouliez - ils voulaient

Exercice 5.3.6
1) faisait
2) prenais
3) disait était
4) aimaient
5) avait
6) apprenaient comprenaient
7) voulait pouvait
8) étions allions
9) saviez
10) finissais

Exercice 5.3.7
1) Je mangeais un croissant et je buvais un café pour le petit-déjeuner.
2) Tu allais à l'école en bus tous les jours.
3) Elle dormait toute la nuit.
4) Nous voulions aller à la mairie
5) Vous aviez 13 ans l'année dernière.
6) Ils étaient heureux quand ils étaient jeunes.
7) Il connaissait cette chanson par cœur.
8) Elles avaient mal aux pieds parce qu'elles marchaient toute la journée.

Exercice 5.4.8
1) J'y habite.
2) J'en bois.
3) Il en est content.
4) Elle y va.
5) Nous en jouons.
6) Vous y voyagez.
7) Tu y es.
8) Ils en parlent.

Exercice 5.4.9
1) y
2) en
3) en
4) y
5) y

Exercice 5.4.10
1) Ils/elles lui parleront.
2) Elle y va en juin.
3) Ce cours leur plaît.
4) J'en achète beaucoup.
5) Les enfants vous posent une question.
6) Il en boit un kilo tous les jours.
7) Nous leur donnons un cadeau.
8) Tu m'as appelé OR tu m'appelais.

Exercice 5.5.11
1) Mon cours préféré au lycée était la physique, parce que la prof me laissait dormir au fond de la classe.
2) Le soir, je téléphonais à mes amies, et nous discutions pendant des heures.
3) Mon professeur de français était très sympa, doué avec les ados, drôle et intéressant.

RRR Exercice 1
1) Nous voulions avoir raison.
2) Je ne voulais pas conduire ma voiture.
3) Vous vouliez réussir l'examen.
4) Nous ne voulions pas réussir l'examen.
5) Tu ne voulais pas avoir raison.
6) Je voulais partir en vacances.
7) Vous ne vouliez pas partir en vacances.
8) Tu voulais conduire ta voiture.
9) Il avait faim hier.
10) Elle n'était pas fatiguée ce matin.
11) Ils avaient froid cet hiver.
12) Elles n'étaient pas malades hier.
13) Ils n'avaient pas faim la semaine dernière.
14) Elle était malade cet hiver.
15) Il n'avait pas froid ce matin.
16) Elles étaient fatiguées la semaine dernière.

RRR Exercice 2
Answers will vary.

RRR Exercice 3
1) Le collège
2) Le lycée
3) L'école primaire
4) L'université
5) L'école maternelle
6) Le/la professeur(e)
7) L'étudiant
8) L'élève
9) Le dictionnaire blanc
10) Le crayon rouge
11) L'ordinateur vert
12) Le stylo bleu
13) Le tableau noir
14) La salle de classe rose
15) Le livre jaune
16) Une bonne note
17) Une belle phrase
18) Un gros examen
19) Un emploi du temps compliqué
20) Une question facile
21) Une mauvaise leçon
22) Une grosse faute
23) Une petite dissertation
24) Une réponse parfaite
25) Beaucoup de devoirs
26) Rater un examen
27) Une longue récréation
28) Une matière facile
29) Une leçon difficile
30) Une institutrice

Chapitre 6/Chapter 6

Exercice 6.1.1
1) f.
2) k.
3) a.
4) h.
5) i.
6) l.
7) j.
8) b.
9) e.
10) c.
11) g.
12) d.

Exercice 6.1.2
1) Nous allons déménager la semaine prochaine.
2) Il y a quatre pièces dans cet appartement: deux chambres, un salon et une cuisine.
3) Les murs de ma chambre sont blancs, et le sol de ma salle de bain est bleu.

4) Est-ce que vous allez à la pendaison de crémaillère de Rachel et Leah?
5) Sa maison a deux étages, un grenier sous le toit, et une cave au sous-sol.
6) Son chien n'aime pas monter les escaliers.
7) Je suis jaloux/jalouse parce que mon/ma voisin/voisine a un grand balcon.
8) Excusez-moi, où sont les toilettes?

Exercice 6.1.3
Answers will vary.

Exercice 6.2.4
1) L'autre appartement est plus grand parce qu'il y a trois chambres au lieu de deux, et une salle à manger, et parce que la salle de bain est immense.
2) Les questions de Leah sont: est-ce que cet appartement est plus grand et en bon état, comment est la peinture sur les murs, et est-ce que le plancher est neuf?
3) Rachel convainc Leah de déménager parce que le loyer de l'autre appartement est deux fois moins cher que leur loyer maintenant.

Exercice 6.3.5
1) Il était minuit, mais Leah ne dormait pas: elle étudiait.
2) Tout à coup, le téléphone a sonné. Rachel s'est dépêchée de répondre.
3) Tous les matins, Hugo se réveillait à 6 heures. Mais cette fois, il s'est réveillé en retard.
4) J'avais 18 ans. J'avais les cheveux longs, et j'étais en forme.
5) Quand le docteur est arrivé, le malade toussait, et il avait beaucoup de fièvre.
6) Nous allions à la plage tous les étés.
7) Sophie aimait faire du sport, mais elle s'est cassé la jambe.
8) Béatrice voulait prendre l'air. Malheureusement, il faisait trop froid.
9) Ce matin, je suis allé au supermarché, j'ai fait mes courses, j'ai rangé la nourriture dans le frigo.
10) D'habitude, il mangeait du pain et de la confiture, mais ce dimanche, il a mangé un croissant.

Exercice 6.3.6
1) C'était un vendredi soir, j'étais avec mon amie Louise. En général, le vendredi nous allions dans un bar dans le centre-ville, mais il pleuvait, alors nous sommes restées à la maison. Nous étions dans le salon, seules. Nous regardions la télévision, et tout était silencieux. Tout à coup, nous avons entendu un bruit au sous-sol. Nous nous sommes regardées. Nous avions peur, et nous ne pouvions pas cacher notre peur. J'ai pris une lampe de poche, et Louise a pris le balai. Nous avons regardé en bas des escaliers. Mon coeur battait vite. Louise tenait le balai serré dans une main. Mes doigts tremblaient un peu. Quelque chose a bougé! J'ai crié. Le balai est tombé sur le sol. Et ensuite, nous avons réalisé que c'était simplement le chat du voisin. Ce chat n'aimait pas la pluie et se cachait dans notre sous-sol.

Exercice 6.3.7
Answers will vary.

Exercice 6.4.8
1) L'habitante de Lyon que j'ai rencontrée au café était gentille, et elle avait beaucoup de conseils.
2) Le conducteur de taxi m'a dit que Lyon était une très belle ville, très agréable à visiter, et qu'il y avait des lignes de métro et de bus si je voulais prendre les transports en commun.
3) Mardi, il faisait beau. Mercredi, il pleuvait.

Exercice 6.5.9
1) moi
2) toi
3) eux
4) elles
5) lui
6) vous
7) elle
8) nous

Exercice 6.5.10
1) lui
2) eux
3) elle
4) moi
5) toi
6) nous
7) vous
8) elles

Exercice 6.5.11
1) Ce n'est pas toi, c'est moi.
2) Mon ami Hugo est sympa, j'aime parler avec lui.
3) Nous étions malades la semaine dernière, alors nous avons dû aller chez le docteur.
4) Est-ce que tu es chez toi?
5) Sa voisine et elle, elles se promènent dans le parc.
6) Mes frères ont plus de chats que moi, mais j'ai plus de livres qu'eux.
7) Hier, Leah est allée à la bibliothèque. Ensuite

elle est allée chez le boulanger.
8) Est-ce que vous avez vu ce film? Moi aussi.
9) Notre famille habite près de chez nous.
10) Est-ce que je peux venir avec vous?

RRR Exercice 1
1) Tu es allé chez le docteur la semaine dernière.
2) Elle n'est pas allée au bureau de tabac hier.
3) J'allais au parc tous les jours.
4) Ils sont allés à l'école aujourd'hui.
5) Je ne suis pas allé à la boulangerie hier.
6) Vous alliez à la boulangerie tous les hivers.
7) Vous n'êtes pas allés au parc aujourd'hui.
8) Nous n'allions pas chez le docteur très souvent.
9) Ils allaient au bureau de tabac tous les jours.
10) Elle allait faire du ski tous les hivers.
11) Nous sommes allés faire du ski la semaine dernière.
12) Tu n'allais pas à l'école très souvent.

RRR Exercice 2
1) Tu es allé chez toi.
2) Nous ne sommes pas allés chez moi.
3) Vous n'êtes pas allés chez vous.
4) Nous sommes allés chez nous.
5) Je ne suis pas allé chez toi.
6) Vous êtes allés chez moi.
7) Tu n'es pas allé chez nous.
8) Je suis allé chez vous.
9) La femme restait chez elle.
10) Les garçons restaient chez elles.
11) L'homme ne restait pas chez lui.
12) Les filles restaient chez lui.
13) Les garçons ne restaient pas chez eux.
14) Les filles ne restaient pas chez elle.
15) L'homme restait chez eux.
16) La femme ne restait pas chez elles.

RRR Exercice 3
1) Il y avait cinq pièces dans notre maison.
2) Ma chambre a deux fenêtres, et je ferme les volets tous les soirs.
3) Regarde le plafond! Il est très sale!
4) Il y a un couloir entre la cuisine et la salle à manger.
5) Tous les après-midi, ils s'asseyaient dans le salon et ils lisaient.
6) Tu dois monter les escaliers pour trouver le grenier. Il est sous le toit.
7) Son jardin est beau; elle a une terrasse aussi, avec une table et des chaises.
8) Mon propriétaire est méchant. Il me parle toujours du loyer.
9) Tu as déménagé l'année dernière, et tu as emménagé dans une maison à la campagne.
10) Il habite au dixième étage, mais heureusement, il y a un ascenseur.

ADDITIONAL RESOURCES

Interested in signing up for a language course?
Visit rolalang.com or contact us at info@rolalanguages.com.
Follow us on social media: @rolalanguages

Other titles by Edward Lee Rocha
Rola Languages' French: Level 1-3
Rola Languages' Portuguese: Level 1-4
Rola Languages' Spanish: Level 1-4
Bilingual Holiday Series
La Familia Rocha Series

Love this book?
Please leave us a review.

Have comments/questions or need assistance?
Please visit rolalang.com or contact us at info@rolalanguages.com
We're happy to help!

COPYRIGHT © 2021 BY ROLA CORPORATION